Junior Plus 4

CAHIER·D'EXERCICES

I.Saracibar
D.Pastor
C.Martin
M.Butzbach

CLE
INTERNATIONAL
www.cle-inter.com

Coordination éditoriale : D. Garcia Maestre

Direction éditoriale : S. Courtier

Conception graphique et couverture : Zoográfico

Photographie couverture : C. Contreras

Dessins : J. Bosch, F. Hernández, G. Izquierdo,
J. Rodríguez, Zoográfico

Photographies : Algar ; B. Baudin ; D. López ; G. Giorcelli ; J. Soler ; M. Lamoureux ;
CONTIFOTO/SYGMA/B. Annebicque ; CITÉ DES SCIENCES ET DE L'INDUSTRIE ;
MUSEO NACIONAL DE CERÁMICA GONZALEZ MARTI, VALENCIA ; ARCHIVO SANTILLANA

Recherche iconographique : M. Pinet, M. Barcenilla

Coordination artistique : P. García
Direction artistique : J. Crespo

Correction : B. Faucard-Martínez, A. Jouanjus

Coordination technique : J. A. Muela

Réalisation audio : Transmarato Espectacles, S.L.

Compositions musicales : P. Benages, A. Prio, A. Vilardebo

Enregistrements et montage : Estudio Maraton

Coordination : S.-C. Delort, G. Marques

Assistance à la direction : I. Bres, H. Munné

Direction: A. Vilardebo

© 2005, M. Butzbach, C. Martin Nolla, D. Pastor, I. Saracibar Zaldivar
© 2005, S.E.S.L.
© 2005, pour la présente édition, CLE International
ISBN : 978-2-09-035412-6

TABLE DES MATIÈRES

Es-tu doué(e) POUR LES LANGUES ?

TEST

1 Écoute ces personnes.

1) Est-ce qu'elles parlent la même langue ?

oui ◯ non ◯

2) Quelle(s) langue(s) reconnais-tu ?

1. _____ 3. _____

2. _____ 4. _____

2 Écoute ces trois personnes.

1) Elles parlent la même langue ?

oui ◯ non ◯

2) Quelle est cette langue ? _____

3) Elles parlent de la même manière ?

oui ◯ non ◯

4) Pourquoi ? _____

3 Écoute. Quel est l'état d'esprit de la personne qui parle ? Où est-ce qu'elle se trouve ?

Personne n° 1   a) énervée   e) dans une bibliothèque
Personne n° 2   b) contente   f) dans une cour d'école
Personne n° 3   c) surprise   g) dans un restaurant
Personne n° 4   d) inquiète   h) dans la rue

4 Observe ces mots italiens quelques minutes.

1)   **cappotto** = manteau
2)   **braccialetto** = bracelet
3)   **occhiali** = lunettes
4)   **mutande** = slip
5)   **scarpe** = chaussures
6)   **cappello** = chapeau
7)   **anello** = bague

Écris maintenant le maximum de ces mots sans les regarder.

_____
_____
_____

5 Observe ces mots bosniens quelques minutes.

1)   **voda** = eau
2)   **kava** = café
3)   **mlijeko** = lait
4)   **stol** = table
5)   **stolica** = chaise
6)   **vrata** = porte
7)   **prozor** = fenêtre

Écris maintenant le maximum de ces mots sans les regarder.

_____
_____
_____

6 Lis le texte suivant.

Et si la femme surpassait l'homme... jusque *dans les stades* ? Une question qui divise le monde scientifique. Les sportives d'aujourd'hui *talonnent* leurs *concurrents mâles*. Mais il leur sera difficile de triompher de toutes les *embûches* que la nature *a semées* sur leur route.

Choisis l'équivalent des mots en italique en t'aidant du contexte.

1) *dans les stades*
   a) dans le monde du travail
   b) dans le domaine du sport
   c) dans le domaine intellectuel

2) *talonner*
   a) suivre de très près
   b) gagner avec une grande différence
   c) rester à une grande distance

3) *concurrents mâles*
   a) rivaux masculins
   b) mauvais adversaires
   c) rivaux dangereux

4) *embûches*
   a) aide ou collaboration
   b) circonstances favorables
   c) obstacles ou difficultés

5) *semer*
   a) éliminer
   b) éviter de mettre
   c) placer à plusieurs endroits

7 Lis ce texte écrit dans une langue barbare. Observe-le avec attention et traduis-le.

Asgotédirix tabest tabun digautablois tabil tabest dipegotit tabet tabingotedilligogent goson tabmeigolleur tabagomi tabs' adippellego Tabobégolix.

8 Écris le maximum de choses que tu peux faire avec une tomate, à part la cuire ou la manger.

9 Tu apprends une langue étrangère à raison de 2 heures par semaine. Écris toutes les activités que tu peux faire tout(e) seul(e) pour progresser plus vite.

SOLUTIONS ET SCORE :

SCORE TOTAL : / 100

points.
9 : 2 points par activité. Maximum 12
8 : 2 points par idée. Maximum 12 points.
7 : 1 point par mot. Maximum 15 points.
5) c. 2 points par mot.
6 : 1) b 2) a 3) a 4) c
5 : 2 points par mot. Maximum 14 points.
4 : 2 points par mot. Maximum 14 points.
2 points par item.
3 : 1-d-f ; 2-c-e ; 3-a-g ; 4-b-h.
différents. 3 points.
4) Parce qu'elles ont des accents
3) non. 1 point par item.
2 : 1) oui 2) français
arabe, allemand. 2 points par langue.
1 : 1) non. 1 point 2) italien, anglais,

C'est ? Elle est ? Ce sont ? Ce ne sont pas ? Il est ? Elles sont ? Ce n'est pas ? Ils sont ?

1 _C'est_ elle ? Mais non, _____ lui !

2 Eliane, qui est-ce ? _____ une étudiante de 1ère année. _____ une fille intelligente mais _____ paresseuse. _____ dommage !

3 _____ des architectes espagnoles. _____ à Paris actuellement.

4 Pierre et Hélène, _____ mes amis. _____ vraiment très sympa. _____ un couple très uni.

5 _____ une montre suisse. _____ extraordinaire.

6 Ce film ? _____ super ! _____ un film d'amour. Je te le recommande, _____ vraiment extraordinaire.

7 _____ des opérations algébriques. _____ dures.

8 _____ une actrice connue. Ici, _____ très populaire.

9 _____ mes livres préférés. _____ super !

10 Non, _____ vrai ! Tu es un menteur et un imbécile !

11 Le dimanche, _____ mon jour préféré car _____ un jour de congé, bien sûr ! Et le lundi ? Ah, _____ durs, les lundis !

12 Allô, oui, _____ moi !

TRUCS POUR APPRENDRE

1

Comment te prépares-tu pour réussir à l'oral si...

[Coche ce qui est vrai.]

...tu as un dialogue, une poésie ou un texte à mémoriser ?

1 Je lis le texte à haute voix. ☐

2 J'écoute ma voix. ☐

3 Je divise le texte et je l'apprends par morceaux. ☐

4 Je mémorise la prononciation et la musique des mots. ☐

5 J'insiste sur les intonations en exagérant un peu. ☐

6 J'essaie de dire le texte calmement pour ne pas avaler mes mots ni déformer la prononciation. ☐

7 Une fois le texte mémorisé, je cherche le ton le plus juste. ☐

8 Je répète devant un miroir. Je me « vois » ainsi parler en français, j'ajoute des pauses, des gestes... ☐

9 Je m'enregistre. Cela m'aide à mémoriser ou à repérer mes erreurs. ☐

10 Mentalement, je me représente la situation en classe : je suis calme, à l'aise, et je récite bien mon texte. ☐

11 Je demande à quelqu'un de mon entourage de m'écouter et de faire des observations. ☐

12 Je n'attends pas le dernier jour pour mémoriser un texte. Cela me permet de bien le travailler et de le retenir. ☐

score : / 12

2 ...tu dois répondre à des questions basées sur les thèmes du dossier ou sur des actes de parole précis ?

1 Dans mon livre, je révise les listes des « Expressions pour... ». ☐

2 Je m'en sers pour faire des phrases complètes. ☐

3 J'invente des questions et des réponses à partir de ces phrases. ☐

4 Je les lis à haute voix. ☐

5 J'écoute comment je prononce ces phrases. ☐

6 Je m'entraîne à répondre de différentes manières au bilan oral. ☐

7 Je relis à haute voix les Situations. ☐

8 Je revois et je mémorise les structures nouvelles, le vocabulaire et les expressions du dossier. ☐

9 Je m'enregistre pour mieux mémoriser ou pour repérer mes erreurs. ☐

10 J'imagine toutes les questions que le professeur peut me poser et j'y réponds à haute voix. ☐

11 Je me représente la situation en classe : je n'ai pas le trac, je réponds calmement, je me suis bien préparé(e). ☐

12 Je revois les tableaux de grammaire, en particulier ceux de la grammaire de l'oral. ☐

score : / 12

1 Observe. Comment sont ces personnes ? Comment se sentent-elles ?

Elle se sent heureuse.
_____
_____
_____
_____

_____
_____
_____
_____
_____
_____
_____

2 Écoute les adjectifs suivants. Ils sont au féminin ou au masculin ?

	1	2	3	4	5	6	7	8	9	10
féminin	X									
masculin										

3 Comment te sens-tu quand...

1) il fait beau, le soleil brille et un petit air frais te caresse le visage ?

   Je me sens optimiste, gai(e), heureux(euse),
   indifférent(e)... _____

2) tu arrives en retard à l'école pour la troisième fois de suite ?

   _____
   _____

3) le garçon ou la fille de tes rêves parle tendrement à quelqu'un d'autre ?

   _____
   _____

4) tu as une très mauvaise note à un contrôle de maths ?

   _____
   _____

4 Trouve le contraire de ces adjectifs.

1) triste ↔ _gai, content_ _____

2) pessimiste ↔ _____

3) indiscret ↔ _____

4) insatisfait ↔ _____

5) inquiet ↔ _____

6) désagréable ↔ _____

5 Écoute les conversations suivantes et réponds. Ce sont des situations formelles ou informelles ? Mets une croix dans la bonne case.

	1	2	3	4	5
formelles	X				
informelles					

Salut !

Oui !

Bonjour !

Ouais !

6 Vrai (V) ou faux (F) ? En France, tu utilises *vous* pour parler...

1) à un copain (16 ans). Ⓕ

2) à ton prof de français (25 ans). ◯

3) à ton nouveau voisin (17 ans). ◯

4) au livreur de pizza (20 ans). ◯

5) à ta nouvelle voisine (23 ans). ◯

6) à ta tante (50 ans). ◯

7 Relis la Situation 2 de la page 11 du livre et complète le tableau.

Quand **?**	Le jour de la rentrée.
Qui **?**	
Où **?**	
De quoi elles parlent **?**	
Qu'est-ce qui se passe à la fin **?**	

Fais le résumé de la Situation 2.

_____

_____

8 Complète avec *nouveau*, *nouvel* ou *nouvelle*.

1) Marie, c'est ma _nouvelle_ copine.

2) M. Brel est le _nouveau_ professeur d'histoire.

3) Il attend le _nouvel_ architecte.

4) Voilà ma _____ voiture.

5) Il a acheté un _____ appartement.

6) Tu as écouté le _____ disque de MC Solaar ?

7) Mme Lebrun, c'est ma _____ voisine.

Maintenant, complète la règle.

On emploie *nouvel* au lieu de *nouveau* quand l'adjectif précède un nom _____ commençant par _____ .

À qui EST-CE ?

1 **À qui est-ce ? Relie les deux colonnes.**

1) C'est à Hervé.
2) C'est à Céline.
3) C'est à Hervé et à Nicolas.
4) C'est à Céline et à Élodie.
5) C'est à Hervé et à moi.
6) C'est à toi et à Nicolas.

a) C'est à nous.
b) C'est à vous.
c) C'est à lui.
d) C'est à elle.
e) C'est à eux.
f) C'est à elles.

2 **Réponds aux questions.**

1) Cette ceinture est à Luc ?

Oui, _elle est à lui._

2) Ces sacs sont à ces filles ?

Oui, _____

3) Ces pulls sont aux jumeaux ?

Oui, _____

4) Les lunettes sont à Marie ?

Oui, _____

3 **Complète les textes.**

1) _À qui sont_ ces chaussettes rouges ?

Elles sont à Nicolas.

Ce sont _les chaussettes de Nicolas._

Ce sont ses chaussettes.

2) _____ foulard ?

Il n'est pas à Céline. _____

_____

_____

3) _____ gants ?

_____ Élodie.

_____

Ce ne sont pas _____

4 **Marius rouspète, il est jaloux de sa sœur. Complète ce qu'il dit avec des possessifs.**

1) Son morceau de gâteau est plus grand que _le mien_ !

2) Mon verre de coca est moins plein que _____ !

3) Sa chambre est plus grande que _____ !

4) Ses cadeaux sont toujours plus beaux que _____ !

5) En plus, je lui prête mes affaires et elle ne me prête jamais _____ !

5 **Retrouve les phrases en reliant les deux colonnes.**

1) Quand j'ai vu la leur, j'ai compris pourquoi

2) Ce soir il n'y aura que tes amis,

3) Cette femme a des enfants

4) Notre classe est aussi bruyante

5) Ton idée est brillante

6) Il a pris mon parapluie parce qu'

7) Je préfère monter dans votre voiture,

a) qui font du sport avec les nôtres.

b) les miens ne pourront pas venir.

c) il avait oublié le sien chez le dentiste.

d) la leur est trop petite.

e) que la vôtre.

f) ils disaient que notre maison était grande.

g) mais je crois que la sienne est encore meilleure.

Point conjugaison : révision

1 **J'entends et j'écris. Mets une croix à côté de la forme entendue. Attention ! il ne suffit pas toujours d'écouter le verbe !**

1) a) il mange ⊗   b) ils mangent ◯

2) a) elles ont ◯   b) elles sont ◯

3) a) il veut ◯   b) ils veulent ◯

4) a) elle vient ◯   b) elles viennent ◯

5) a) il comprend ◯   b) ils comprennent ◯

6) a) elle parle ◯   b) elles parlent ◯

2 **Marine a des problèmes. Voilà les reproches qu'elle fait à ses parents.**

1) Papa ____veut____ toujours avoir raison. Il _____ semblant d'être compréhensif, mais en réalité, il ne l'_____ pas. Il _____ très strict, trop strict. Il ne _____ rien... S'il _____ , il _____ être sympa de temps en temps.

2) Mes parents ? Ils _____ toujours avoir raison. Ils _____ semblant d'être compréhensifs, mais en réalité, ils ne le _____ pas. Ils _____ très stricts, trop stricts. Ils ne _____ rien... S'ils _____ , ils _____ être sympa de temps en temps.

3 **Écris les terminaisons.**

1) ● Tu prends le bus ?

   ■ Non, je pren_ds_ le métro.

2) ● Tu veu____ venir avec moi ?

   ■ Non, merci, je ne peu____ pas.

3) ● Tu descen____ à pied ?

   ■ Oui, je ne sui____ pas très pressé.

4) ● Tu compren____ ?

   ■ Non, je ne compren____ rien.

5) ● Tu vien____ chez moi ?

   ■ Désolé, je vai____ chez le dentiste.

6) ● Tu fai____ du piano ?

   ■ Non, je fai____ de la batterie.

1 **Mets ces phrases au style indirect.**

1) Viens ici !

   Je te demande de venir ici.

2) Qu'est-ce que tu veux ?

   _____

3) Fermez la porte !

   _____

4) Répète, s'il te plaît, je n'ai pas compris.

   _____

5) Vous devriez vous calmer.

   _____

6) Que dis-tu ?

   _____

7) Pourquoi tu ne te reposes pas un peu ?

   _____

JE TE DIS DE TE LEVER.

2 **La déclaration d'amour d'Adolphe et de Clémentine. À partir de ce canevas, reconstitue le dialogue.**

Adolphe demande à Clémentine de s'asseoir à côté de lui.

   -Assieds-toi à côté de moi, Clémentine.

Clémentine refuse très poliment et ajoute qu'elle est très bien debout.

Adolphe est surpris et lui demande pourquoi elle est toujours si dure avec lui.

Clémentine ne lui répond pas.

Adolphe lui dit qu'il l'aime.

Clémentine est surprise.

Adolphe affirme que c'est vrai et lui répète 3 fois qu'il l'aime et qu'il l'a toujours aimée.

Clémentine baisse les yeux et murmure quelque chose.

Adolphe lui demande ce qu'elle a dit.

Clémentine répète un peu plus fort.

Adolphe lui propose de sortir dans le jardin.

Clémentine, souriante, accepte.

3 Rapporte ce dialogue au style indirect.

● Tu es libre cet après-midi, Marie ?

Il / Elle... _____

■ Euh... euh... oui...

_____

● Tu veux bien aller au cinéma ?

_____

■ Oh, je regrette, mais... j'y suis allée hier.

_____

● Qu'est-ce que tu aimerais faire, alors ?

_____

■ On pourrait aller chez Francine, qu'est-ce que tu en penses ?

_____

_____

● D'accord, alors... attends-moi à 6 h, devant la pharmacie.

_____

_____

Point orthographe

1 Tu connais les personnages des Aventures d'Astérix ? Devine de qui on parle.

1) Il *est* petit et intelligent. Tu *es* sûr(e) que c'*est* Astérix, mais ce n'*est* pas lui.

_____

2) Il *a* beaucoup de soldats. Il habite *à* Rome. Tu as trouvé ? _____

3) Le *son* de *son* instrument exaspère les Gaulois. Les habitants du village *sont* furieux quand il joue. _____

4) Ils habitent dans un petit village et *on* dit que les Romains *ont* peur d'eux.

_____

a) Prononce les mots en *italique*. On les distingue à l'oral ? _____

b) Justifie les graphies en *italique*.

_____

_____

_____

_____

2 Complète avec...

1) *à*, *a* ou *as*.

Il habite _à_ Paris, ___ côté du Quartier Latin. Il ___ un joli appartement. Tu ___ son adresse ?

2) *et*, *est* ou *es*.

Elle ___ gentille ___ très sociable. C'___ quelqu'un de bien. Tu n'___ pas un peu jaloux ?

3) *son* ou *sont*.

Je ne connais ni ___ adresse ni ___ numéro de téléphone, mais ils ___ probablement dans l'annuaire. Pas de problème !

4) *on* ou *ont*.

D'habitude, ___ pense que tous les méditerranéens sont chaleureux et ___ bon caractère, mais ce n'est pas toujours vrai !

D1 sons et rythmes

1 États d'âme. Écoute et complète.

D'habitude,

Je suis _extrovertie._

Je danse, _____ , je ris.

_____ comme une pie.

Mais parfois...

Je suis très _____ .

_____ sans arrêt.

Je suis _____ .

D'habitude,

_____ du jaune, du ___ ,

_____ , _____ , _____ ,

_____ les couleurs _____ .

Mais parfois...

Je ne mets que _____ .

Je ne dors pas le soir.

_____ des cauchemars.

2 Écoute et indique les pauses pour respirer.

1) Je danse / je chante je ris je bavarde comme une pie.
2) Je mets du jaune du bleu du blanc du rouge du vert j'aime les couleurs claires.

3 Écoute ces phrases. Ce sont des questions ou des exclamations ? Mets la ponctuation.

1) Elle est folle _?_

2) Elle est absolument dingue ___

3) Elle va répondre à la lettre ___

4) Vous n'avez pas envoyé le paquet ___

5) Tu as déjà terminé ___

6) Tu as parlé avec eux ___

4 Complète.

1) Elle est bavarde comme _____ .

2) Il est _____ comme un âne.

3) Elle est _____ comme un renard.

4) Il est doux comme _____ .

5 Lis à haute voix. Reconnais les sons et écris les signes phonétiques [ɛ̃], [ã] et [ɔ̃].

1) Vingt physiciens colombiens

  _[ɛ̃]_ _____

2) Très importants et intelligents

  _____

3) Ont inventé un cylindre immense

  _____

4) Qui produit un mouvement

  _____

5) Permettant aux vagues de l'océan

  _____

6) De danser en s'accouplant.

  _____

ATELIER d'écriture

Acrostiches

1 **Lis ces 3 textes. « Un acrostiche », qu'est-ce que c'est ?**

Magique comme un conte.
Aimable comme le beau temps.
Romantique comme un rayon de lune.
Ironique comme le poivre vert.
Originale comme une chanson.
N'oubliez pas son prénom, c'est...

M. T.

Je suis un garçon de 15 ans.
Et j'habite près de la mer
Avec mes parents et mes frères,
Naturellement !

Mon n° de téléphone,
        c'est le 04 66 29 60 83.
A côté de vous je m'asseois.
Regardez-moi dans les yeux,
Comme ça je serai heureux.

J. M. T.

Je ne suis ni   Capricieux,
        ni   Hypocrite,
        ni   Radin,
        ni   Idiot,
        ni   Sadique,
mais plutôt   Têtu,
        Original,
        Patient,
        Hypersympa.
Je suis   Extraordinaire !

C. N.

2 **Invente un acrostiche pour parler de toi ou d'un(e) ami(e).**

_____
_____
_____
_____
_____
_____
_____
_____
_____

les noms de famille en France

Tu as une bonne mémoire ?

Vrai ou Faux ?

	V	F
1 À partir du XVIe siècle, tout le monde a officiellement un nom.	○	○
2 En France, il est impossible de changer de nom.	○	○
3 En France, il y a beaucoup de noms d'origine étrangère.	○	○
4 Les patronymes correspondent aux noms de famille.	○	○
5 En général, les gens qui ont un nom difficile à porter voudraient en changer.	○	○

6 **Trouve des noms de famille français faisant référence à :**

1) un métier : _____

2) un titre de noblesse : _____

3) un animal : _____

4) un trait de caractère : _____

5) un emplacement géographique : _____

Si tu as moins de 5 réponses correctes, relis les documents des pages 18 et 19 du livre.

TEST de compréhension ORALE

EN FORME

1 🎞 Écoute et coche d'une croix la bonne réponse.

① C'est...
- a) une émission de radio. ○
- b) un cours en direct. ○
- c) une publicité. ○

② Cette séance est...
- a) un cours de gymnastique. ○
- b) un cours de relaxation. ○
- c) un cours de théâtre. ○

③ La séance commence par...
- a) une relaxation. ○
- b) un échauffement. ○
- c) un massage. ○

④ Les exercices proposés...
- a) ont un rythme assez intense. ○
- b) ont un rythme lent. ○
- c) sont impossibles à réaliser. ○

⑤ Le moniteur est...
- a) indécis. ○
- b) dynamique. ○
- c) agressif. ○

⑥ Ils réalisent des exercices...
- a) debout. ○
- b) assis. ○
- c) couchés par terre. ○

⑦ M. Magnard...
- a) a du mal à respirer. ○
- b) est en pleine forme. ○
- c) abandonne le cours. ○

⑧ Numérote selon l'ordre de réalisation.

---

2 **Complète le résumé.**

Quelques personnes (1) _____ un cours (2) _____ .

La séance commence par (3) _____ et elle a (4) _____ .

Tous (5) _____ semblent bien suivre (6) _____

sauf (7) _____ , un jeune de 82 ans !

D1 bilan écrit

1 Observe ces 2 personnages. Déduis leur personnalité, leur caractère, leur profession, etc.

1) _____
_____
_____

2) _____
_____
_____

/ 12

2 Observe et complète les phrases.

1) _____ ? _____ à Céline.

2) _____ à Hervé ? Oui, elle _____ .

3) _____ à Élodie ? Oui, il _____ .

4) Ces _____ à Nicolas ? Oui, _____ clés.

/ 8

3 Remplace les mots soulignés par un pronom.

1) Ma chanson préférée, c'est *Imagine* de John Lennon et vous, quelle est _____ ?

2) Si vous n'avez pas de voiture, nous pouvons vous prêter _____ .

3) Mon frère a seize ans, et _____ ?

4) Nos voisins, les Bayard, ont aussi un perroquet mais _____ ne sait pas dire un mot.

/ 4

4 Rapporte au style indirect cette « agréable » conversation entre frère et sœur.

● Caroline !!!! Prête-moi ta calculette ! _____

■ Je ne peux pas, Marc !

● Pourquoi ? _____

■ Parce que je suis en train de l'utiliser ! _____

● Tu as toujours des excuses. Dépêche-toi ! _____
Donne-la-moi. J'en ai besoin.

■ Si tu ne me la demandes pas poliment, _____
tu ne l'auras jamais.

/ 6

SCORE FINAL : / 30

LEXIQUE

Voilà le vocabulaire du Dossier 1. Traduis les mots dans ta langue.

agressif / ive _____

amoureux / euse _____

âne *(masc.)* _____

bavarder _____

bête _____

bienvenue *(fém.)* _____

calme _____

cauchemar *(masc.)* _____

chance *(fém.)* _____

clouer au sol _____

confiant / e _____

dégoûté / e _____

désagréable _____

doux / ce _____

embarrassé / e _____

emploi du temps *(masc.)* _____

enchanté / e _____

entreprise *(fém.)* _____

fier / ère _____

frustré / e _____

gaffe *(fém.)* _____

gaffeur / euse _____

gai / e _____

heureux / euse _____

indécis / e _____

indifférent / e _____

indiscret / ète _____

inquiet / ète _____

jaloux / se _____

malheureux / euse _____

marteau *(masc.)* _____

méfiant / e _____

modeste _____

mouton *(masc.)* _____

naïf / ve _____

nouveau / elle _____

oie *(fém.)* _____

optimiste _____

paon *(masc.)* _____

pénible _____

pie *(fém.)* _____

pou *(masc.)* _____

pressé / e _____

quiproquo *(masc.)* _____

râleur / euse* _____

regard *(masc.)* _____

remplir _____

renard *(masc.)* _____

renfermé / e _____

ressembler à _____

rusé / e _____

souhaiter _____

taupe *(fém.)* _____

têtu / e _____

*= familier

Écris d'autres mots que tu as appris dans ce dossier.

_____

_____

_____

_____

_____

_____

AUTO-ÉVALUATION

JE SUIS CAPABLE DE...

COMPRÉHENSION ORALE

1 Comprendre des dialogues humoristiques.
2 Comprendre une interview à la radio.
3 Comprendre les états d'âme d'une jeune fille.
4 Répondre au TEST DE COMPRÉHENSION ORALE.

EXPRESSION ORALE

5 Présenter, accueillir ou caractériser quelqu'un.
6 Inventer une situation avec un quiproquo.
7 Rapporter les paroles de quelqu'un, un ordre ou un conseil.
8 Présenter en public un personnage mystérieux : parler de ses goûts, de ses sentiments, etc.

COMPRÉHENSION ÉCRITE

9 Détecter les erreurs dans le compte rendu écrit d'une interview écoutée à la radio.
10 Comprendre un extrait de presse sur la numérologie et savoir comment calculer mon nombre d'expression.
11 Découvrir l'origine des noms de famille en France.
12 Comprendre des conseils pour mieux me préparer à un examen oral.

EXPRESSION ÉCRITE

13 Transcrire des textes entendus de manière compréhensible.
14 Faire la description détaillée, physique et psychologique, d'un personnage par écrit.
15 Résumer par écrit un texte compris à l'oral ou à l'écrit.
16 Inventer un acrostiche avec ou sans modèle.

RÉFLEXION

17 Réfléchir sur les diverses manières d'exprimer l'appartenance.
18 Réfléchir sur les similitudes et les différences orales et écrites des mots grammaticaux : *on, ont - es, et, est - à, a, as.*
19 Comprendre comment rapporter des paroles au discours indirect.
20 Réfléchir sur les méthodes que j'utilise et que je peux améliorer pour me préparer à des examens oraux.

ATTITUDES

21 Commencer à être autonome pour trouver des informations orales et écrites qui m'intéressent.
22 Être créatif à l'oral et à l'écrit en français, seul ou en groupe, avec ou sans modèle.

JE DÉCIDE D'AMÉLIORER...

- ● N° _____
- ♥ N° _____
- ■ N° _____
- ♥ N° _____
- ♦ N° _____
- ◆ N° _____

TRUCS
POUR APPRENDRE

Comment te prépares-tu pour réussir à l'écrit...

1A si tu as un contrôle écrit de grammaire ? **1B** si tu as un examen d'expression écrite ?

[Coche ce qui est vrai.]

2A

1 Je fais des tableaux avec les structures à retenir. ☐

2 Je fais des résumés de grammaire. ☐

3 Je consulte les appendices de conjugaison et de grammaire. ☐

4 Je révise les règles étudiées. ☐

5 Je refais les exercices où j'ai commis des erreurs. ☐

6 Je réfléchis sur la cause de mes fautes de grammaire les plus fréquentes. ☐

7 Je révise le Bilan écrit du cahier. ☐

8 Je compare la grammaire de l'oral et la grammaire de l'écrit. ☐

2B

1 Je révise les mots de vocabulaire et les expressions étudiés. ☐

2 Je relis les textes écrits travaillés dans le dossier. ☐

3 Je m'entraîne à répondre par écrit à des questions. ☐

4 J'imagine les questions, les sujets que le professeur peut me proposer. ☐

5 J'analyse mes productions écrites et j'essaie de comprendre d'où viennent mes erreurs : de l'orthographe, du vocabulaire, des constructions, de la prononciation, de la conjugaison. ☐

6 Je recopie des phrases entières. ☐

7 J'écris vite sans réfléchir. ☐

8 Je me dicte des phrases du livre. ☐

3

1 Je commence à réviser quelques jours à l'avance, pour pouvoir demander des explications. ☐

2 Quand je ne sais pas, je demande à quelqu'un. ☐

3 Je révise en tenant compte de mes points faibles. ☐

4 Je me calme à l'avance : je saurai tout faire. ☐

Avec ces trucs et d'autres que tu inventeras, bonne chance pour tes contrôles écrits !

C'EST LA VIE...

1 Qu'est-ce que tu en penses ? Barre les options que tu crois incorrectes.

1) ~~Quatre~~ • ~~Six~~ • Huit   jeunes sur dix rangent leur chambre régulièrement.
2) Cinq • Sept • Neuf   jeunes sur dix mettent le couvert.
3) Six • Huit • Neuf   jeunes sur dix débarrassent la table.
4) 33 % • 42 % • 60 %   des jeunes font les courses et préparent les repas.
5) Deux • Quatre • Sept   jeunes sur dix affirment participer régulièrement aux tâches ménagères.

2 Qu'est-ce qu'il n'a pas fait ?

1) <u>Il n'a pas fait la vaisselle.</u>   6) _____
2) _____   7) _____
3) _____   8) _____
4) _____   9) _____
5) _____   10) _____

3 Écoute ces insultes et indique si elles sont adressées à lui, à elle ou si on ne sait pas.

	1	2	3	4	5	6	7	8
Lui	X							
Elle								
?								

4 Complète le dialogue.

- Imbécile !
- ■ _Crétin_____ !

- Espèce de _____ !
- ■ _____ !
- _____ !
- ■ _____ !
- ◆ Les enfants, voulez-vous _____

   _____ !

- Mais maman, on répète _____

   _____ .

5 Il défend son adorable minou. Complète le dialogue.

J'en suis sûr, c'est lui le coupable !

Il a ouvert la porte.

Il a attaqué mon pauvre Titi.

Il l'a mangé.

6 Trouve le contraire de ces expressions.

1) Je ne suis pas de ton avis.

2) À mon avis, tu as raison.

3) C'est vrai.

4) Oui, tout à fait.

5) C'est exact.

1) _Je suis d'accord avec toi._____

2) _____

3) _____

4) _____

5) _____

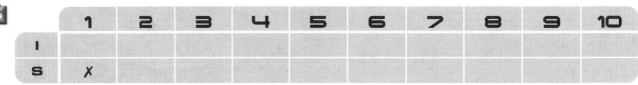

GABRIELLA

1 Indique si tu entends l'indicatif (I) ou le subjonctif (S).

	1	2	3	4	5	6	7	8	9	10
I										
S	X									

2 Souligne les verbes qui sont au présent du subjonctif.

1) Il faudrait que vous <u>fassiez</u> un peu plus attention.
2) Je pense que vous avez raison.
3) Je souhaite que vous ayez un peu plus de patience.
4) Elle dit que vous n'étudiez pas beaucoup.
5) Elle veut que je finisse tout de suite.
6) Je souhaite que vous passiez de bonnes vacances.
7) Il voudrait que nous restions avec lui.
8) Elles disent qu'elles veulent tout refaire.
9) J'aimerais que tu comprennes ma situation.
10) Il faut bien qu'elles cherchent une autre solution.

3 Complète la conjugaison de ces 3 verbes au présent du subjonctif.

1) _____

que tu finisses

_____

_____

_____

2) _____

_____

_____

que nous recevions

_____

3) _____

_____

_____

_____

qu'elles viennent

4 Penses-tu que Marc gardera encore le petit Daniel ?

Nous voulons que vous _soyez_ calme et affectueux avec notre petit Daniel, que vous _____ une promenade de 35 minutes avec lui, que vous lui _____ une purée aux fines herbes, que vous _____ au Lego après dîner, que vous ne _____ pas la télévision pendant son sommeil et surtout que vous nous _____ toutes les heures.

5 Les rêveries de Coralie. Complète.

J'aimerais avoir un petit ami, mais il faudrait qu'il (avoir) _ait_ le sens de l'humour et qu'il m' (amuser) _____, qu'il (être) _____ gentil mais en même temps qu'il (avoir) _____ beaucoup de caractère, qu'il (être) _____ intelligent sans être pédant, qu'il me (comprendre) _____, qu'il (réagir) _____ positivement à mes sautes d'humeur, qu'il (avoir) _____ confiance en moi, qu'il me (dire) _____ toujours la vérité, qu'il ne me (cacher) _____ rien, qu'il (venir) _____ toujours me chercher à la sortie du lycée, puis qu'il me (téléphoner) _____ en arrivant chez lui, qu'il m' (écrire) _____ des mots doux et qu'il m' (envoyer) _____ des fleurs pour mon anniversaire et, pour finir, qu'il ne (mettre) _____ jamais, je dis bien jamais, de chaussettes blanches. Ça existe, un garçon comme ça ?

6 Camille et sa chambre. Complète ses rêveries.

Il faudrait que ma chambre _soit_ plus grande, comme ça je pourrais _____ _____, qu'il y _____ plein d'étagères pour _____, _____.

Je souhaiterais que ma grande sœur _____ _____.

J'aimerais _____ sans que ma mère proteste, que personne _____ mes tiroirs et qu'on ne _____ jamais à mes affaires. _____ si j'en avais envie, qu'elle _____ insonorisée pour _____, qu'il y _____ de la place pour un lit supplémentaire, comme ça _____.

Je voudrais qu'on _____ mes goûts et mon indépendance.

J'aimerais que ma chambre _____ ma chambre !

1 **Complète et raconte comment ça se passe chez toi.**

1) *C'est moi qui fais*   la vaisselle.

2) _____ les ordures.

3) _____ la table.

4) _____ les courses.

5) _____ la cuisine.

6) _____ l'aspirateur.

7) _____ les lits.

8) _____ la lessive.

9) _____ le linge.

10) _____ la poussière.

2 **Petit déjeuner chez les Saule. Quelles sont les obligations de chacun ? Complète.**

3 **Transforme les phrases suivantes.**

1) Tu dois sortir le chien.
   C'est à toi de sortir le chien.

2) Il doit descendre les ordures.
   _____

3) Ils doivent faire les courses.
   _____

4) Nous devons garder le bébé.
   _____

5) Elles doivent arroser les plantes.
   _____

4 **Dis autrement.**

1) Il boit seulement de l'eau.
   Il ne boit que de l'eau.

2) Il mange seulement des sandwiches.
   _____

3) Il sort seulement le dimanche après-midi.
   _____

4) À la télé, il regarde seulement le journal télévisé.
   _____

5) Il aime seulement son perroquet.
   _____

Point conjugaison : révision

1 Conjugue le verbe *essayer* au présent.

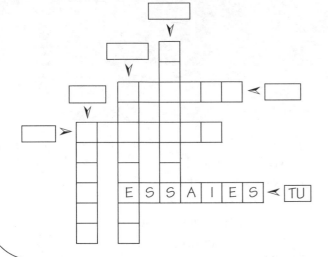

E S S A I E S ← TU

2 Complète avec un verbe en *-yer* au présent.

1) Ils _paient_ toujours avec une carte de crédit.

2) D'habitude, je m'_____ énormément dans les discothèques.

3) Elle est dans la cabine : elle _____ une nouvelle robe.

4) Après la fête, nous _____ le salon.

5) Ils _____ ce paquet par la poste.

6) Vous _____ avec des euros.

7) Ils _____ les verres.

Point orthographe

1 Observe les graphies en *italique*. Lesquelles se prononcent de la même manière ?

Ne m*ets* pas t*es* doigts dans le nez, ça ne se fait pas devant l*es* invités. • M*ais* enfin, qu'*est*-ce que tu f*ais* avec m*es* vieilles lunettes ? • Venez ! Je v*ais* vous expliqu*er* ce que vous dev*ez* demand*er* au polici*er*. • Vous sav*ez*, je lui ai proposé de rest*er* mang*er* avec nous m*ais* il a préféré rentr*er*.

Justifie les graphies en *italique* : _____
_____
_____

2 Complète avec...

1) *mets, mes, mais* ou *mai*.

a) En _mai_ , je t'enverrai _____ photos, _____ ne les montre à personne.

b) Avec cette robe, je _____ toujours _____ chaussures à talons.

2) *c'est, s'est, ces* ou *ses*.

a) _____ masques et _____ maquillages sont fantastiques.

b) _____ samedi soir. Elle _____ préparée pour recevoir _____ invités.

3 Complète avec *é, ez* ou *er*.

Écout _ez_ ce que le copain de Trébor m'a racont__ : « Trébor est all__ travaill__ comme ramasseur de balles pour admir__ la belle Gabriella. Quand il est all__ lui apport__ de l'eau, elle l'a insult__ au lieu de lui parl__ puis, avec sa raquette, elle a fait saut__ ses lunettes. Cela n'a pas démoralis__ Trébor. Il continue à l'ador __. » C'est un peu exagér __, vous ne trouv __ pas ?

1 Comment se sent cette personne ? Indique le sentiment que chaque phrase transmet.

	1	2	3	4	5	6	7	8	9	10
furieuse										
heureuse	X									
triste										
contrariée										

2 Écoute et marque d'une croix la phrase entendue.

1) a) J'ai dit la vérité. ⊗
   b) Je dis la vérité. ○

2) a) Tu as arrêté de travailler. ○
   b) Tu arrêtes de travailler. ○

3) a) Jean en a pris une. ○
   b) J'en ai pris une. ○

4) a) Je veux partir tout de suite. ○
   b) Je vais partir tout de suite. ○

5) a) Hum, ils s'en vont ! ○
   b) Hum, il sent bon ! ○

6) a) Vous avez tout ! ○
   b) Vous savez tout ! ○

7) a) Ce soir, elle vient dîner. ○
   b) Ce soir, elles viennent dîner. ○

8) a) Elle prend un taxi. ○
   b) Elles prennent un taxi. ○

9) a) Nous resterons volontiers ! ○
   b) Nous resterions volontiers ! ○

10) a) Vous voyagiez partout. ○
    b) Vous voyagez partout. ○

3 Complète le triangle vocalique avec le nom des objets dessinés.

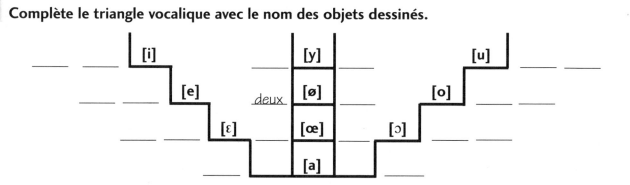

[i] _____   [y] _____   [u] _____

[e] _____   _deux_ [ø]   [o] _____

[ɛ] _____   [œ] _____   [ɔ] _____

[a] _____

Pour faire le portrait...

1 En t'inspirant de Jacques Prévert, fais le portrait d'une personne, d'un animal, d'une chose... Quels sont les éléments surprenants de ton portrait ? Comment saura-t-on que ce portrait est réussi ? N'oublie pas d'utiliser des mots tels que : *d'abord, ensuite, aussi, et puis, parfois, mais, si, quand, alors,* etc.

Tu as une bonne mémoire ?

Vrai ou Faux ?

		V	F
1	La Cité des Sciences se trouve à Versailles.	○	○
2	La Cité des Sciences est aussi appelée La Villette.	○	○
3	La Cité est consacrée à la diffusion de la science, de la technique et des arts.	○	○
4	C'est un lieu vivant qui se renouvelle constamment.	○	○
5	Les activités proposées incitent les visiteurs à une découverte active.	○	○
6	Il faut avoir plus de 16 ans pour participer aux différentes activités.	○	○
7	La Cité des métiers offre des informations sur différentes filières professionnelles.	○	○
8	Les expositions permanentes d'Explora ont une durée de vie moyenne de deux ans.	○	○
9	La Géode reproduit un vrai sous-marin.	○	○
10	Le Cinaxe est une salle de cinéma qui bouge.	○	○

Si tu as moins de 5 réponses correctes, relis les documents des pages 30 et 31 du livre.

TEST de compréhension ORALE

ZAPPING

1 📼 Écoute et coche d'une croix la (les) bonne(s) réponse(s).

① **Quelles sont les différentes émissions que l'on entend ?**

a) Un journal télévisé. ○

b) Un film d'amour. ○

c) Un match de foot. ○

d) Un match de basket. ○

e) Une publicité. ○

f) Un débat politique. ○

② **Le frère et la sœur...**

a) se disputent. ○

b) discutent calmement. ○

c) s'amusent. ○

d) s'insultent. ○

③ **Le frère proteste parce que sa sœur...**

a) regarde un film bébête. ○

b) fait du zapping. ○

c) ne veut pas regarder la télé. ○

d) parle à haute voix. ○

④ **Le frère propose de regarder...**

a) un match de tennis. ○

b) un film d'action. ○

c) une émission sur des animaux. ○

d) un concours. ○

⑤ **Le frère dit à sa sœur...**

a) qu'elle n'est pas cultivée. ○

b) qu'elle est fatigante. ○

c) qu'elle est gentille. ○

d) qu'elle est débile. ○

e) qu'elle est nulle. ○

f) qu'elle est idiote. ○

g) qu'elle est sympa. ○

⑥ **Quand le frère a la télécommande...**

a) il respecte les désirs de sa sœur. ○

b) il cède volontiers la télécommande. ○

c) il fait comme sa sœur. ○

⑦ **Finalement le frère...**

a) impose son choix. ○

b) explique le problème à sa mère. ○

c) abandonne la discussion. ○

d) promet de se venger. ○

⑧ **Dans une heure...**

a) la discussion recommencera. ○

b) la sœur ne regardera plus la télé. ○

c) il n'y aura plus de problèmes avec la télécommande. ○

d) ils regarderont tous les deux la même émission. ○

2 **Complète le résumé.**

Un frère et une sœur (1) _____ parce que la sœur (2) _____

_____ . Le frère propose de (3) _____ les lézards australiens, mais

elle (4) _____ . Alors, ils (5) _____ . Dans une heure, (6) _____

_____ de problèmes parce qu' (7) _____ .

1 **Transforme les phrases de deux façons.**

1) Je dois le dire.
   a) C'est à _____ .
   b) C'est _____ .

2) Tu dois répondre.
   a) _____ .
   b) _____ .

3) Ils doivent chercher encore.
   a) _____ .
   b) _____ .

/ 6

2 **Que faut-il que tu fasses pour que ta chambre soit propre et bien rangée ?**

_____

_____

_____

_____

_____

_____

/ 8

3 **Remplace l'expression soulignée par une expression analogue et mets le verbe entre parenthèses à la forme qui convient.**

1) Elle désire que vous lui (écrire) plus souvent.

_____

_____

2) Il voudrait qu'on (mettre) ce CD.

_____

_____

3) Nous aimerions que vous (connaître) notre famille. _____

_____

4) Il faudrait qu'elles (prendre) le train de 10 h.

_____

_____

5) Il vaudrait mieux que tu (ne pas dire) de mensonges. _____

_____

/ 10

4 **Complète avec un verbe et une négation.**

Pour un monde meilleur, j'aimerais...

1) que les enfants _____
   exploités.

2) que _____ considéré
   inférieur à cause de sa race.

3) qu'il _____ de guerres.

4) que _____ faim.

5) qu'on _____ d'armes.

6) que les femmes _____
   maltraitées.

/ 6

SCORE FINAL : / 30

Voilà le vocabulaire du Dossier 2. Traduis les mots dans ta langue.

arrêt *(masc.)* _____

arroser les plantes _____

aspirateur *(masc.)* _____

bâiller _____

balai *(masc.)* _____

balayer _____

barreaux *(masc. plur.)* _____

bien élevé / e _____

blé *(masc.)* _____

boulot* *(masc.)* _____

brûlé /e _____

cage *(fém.)* _____

cerveau *(masc.)* _____

c'est dommage _____

chaleur *(fém.)* _____

compte rendu *(masc.)* _____

débarrasser la table _____

enlever la poussière _____

essuyer _____

étendre le linge _____

faire la cuisine _____

faire la lessive _____

faire la vaisselle _____

faire le ménage _____

faire ses besoins _____

feuillage *(masc.)* _____

*= familier

fraîcheur *(fém.)* _____

frigo *(masc.)* _____

frôler _____

job* *(masc.)* _____

lave-vaisselle *(masc.)* _____

lenteur *(fém.)* _____

machine à laver *(fém.)* _____

menteur / euse _____

mettre la table / le couvert _____

nettoyer les vitres _____

oser _____

paillasson *(masc.)* _____

pistonner* _____

plaisanter _____

plaisir *(masc.)* _____

poli /e _____

portrait *(masc.)* _____

ramolli /e _____

ranger _____

repasser _____

se disputer _____

se servir _____

se tromper _____

tâches ménagères *(fém. plur.)* _____

toile *(fém.)* _____

vitesse *(fém.)* _____

Écris d'autres mots que tu as appris dans ce dossier.

_____

_____

_____

AUTO-ÉVALUATION

Colorie en vert = très bien ; colorie en bleu = bien ; colorie en jaune = pas très bien ; colorie en rouge = assez mal

JE SUIS CAPABLE DE...

COMPRÉHENSION ORALE

1 Comprendre des dialogues de la vie quotidienne entre membres d'une même famille.

2 Comprendre un poème, une chanson ou un récit oral simple à la première écoute.

3 Comprendre une adolescente qui se plaint, dans une chanson, des interdictions qu'elle entend tous les jours.

4 Répondre au TEST DE COMPRÉHENSION ORALE.

EXPRESSION ORALE

5 Réagir dans une dispute, me défendre ou défendre quelqu'un d'une accusation.

6 Improviser une scène ou un dialogue à partir d'un canevas.

7 Lire un poème à haute voix de manière expressive.

8 Résumer oralement mes différentes obligations quotidiennes.

COMPRÉHENSION ÉCRITE

9 Comprendre facilement un sondage publié dans une revue.

10 Comprendre une BD authentique avec des mots inconnus et des verbes au subjonctif.

11 Comprendre sans difficulté tout ce qu'on me demande de faire pour réaliser le Projet *Drôles d'appareils*.

12 M'informer sur la Cité des Sciences de La Villette et préparer une visite qui m'intéresse.

EXPRESSION ÉCRITE

13 Recopier ou compléter des textes sans fautes.

14 Faire le portrait d'une personne ou d'une chose à la manière de J. Prévert.

15 Écrire, sans modèle, différents types de textes simples (dialogues, récits, etc.).

16 Décrire le fonctionnement d'un appareil qui sera présenté dans un catalogue.

RÉFLEXION

17 Comprendre comment former et utiliser le subjonctif présent, et le distinguer à l'oral et à l'écrit.

18 Comprendre comment utiliser les pronoms toniques pour mettre en relief des noms ou des pronoms.

19 Comprendre comment fonctionne le système complet des voyelles nasales et orales en français.

ATTITUDES

20 Réfléchir sur les méthodes que j'utilise pour me préparer à des examens écrits.

21 Comprendre que je peux progresser en réfléchissant sur mes erreurs.

JE DÉCIDE D'AMÉLIORER...

● N° _____

♥ N° _____

■ N° _____

♥ N° _____

♦ N° _____

◆ N° _____

1 QU'EST-CE QU'ON **AIME** ? QU'EST-CE QU'ON **DÉTESTE** CHEZ L'AUTRE ? LE GARÇON IDÉAL, LA FILLE IDÉALE, ÇA N'EXISTE PAS. CEPENDANT, ON ATTEND SOUVENT DES MIRACLES... !

LA FILLE IDÉALE

J'aime...

• qu'elle soit tendre et câline.
• qu'elle s'intéresse à la technique.
• qu'elle me réconforte dans les moments difficiles.

•

•

•

•

•

•

Je déteste...

•

•

•

•

•

•

•

•

•

LE GARÇON IDÉAL

J'aime...

•

•

•

•

•

•

•

•

Je déteste...

• qu'il crache !
• qu'il ne comprenne pas les filles.
• qu'il ne pense qu'au foot ou à ses copains.
• qu'il crie tout le temps. (Ras le bol de la soi-disant « supériorité masculine »).

•

•

•

2 **ÉCOLO-QUOI ?** Voici un texte où certains mots ont été remplacés par *écolo*. Retrouve ces mots dans la liste suivante.

> espace • danger • fusées • siècle • planète • images • science • années • pollutions • protéger • populations • bouche • esprits • accidents • mouvement • allemand • marées

Le mot écologie apparaît au XIXe *écolo* _____ dans la *écolo* _____ du biologiste *écolo* _____ Haeckel. C'est alors une *écolo* _____. C'est dans les *écolo* _____ 60 que l'écologie devient un *écolo* _____ de contestation. Les *écolo* _____ commencent à se rendre compte que notre *écolo* _____ est en *écolo* _____ à cause des premiers graves *écolo* _____ industriels : *écolo* _____ noires, *écolo* _____ chimiques, etc. De même, les premières *écolo* _____ de la Terre, grâce aux *écolo* _____ envoyées dans l'*écolo* _____, vont marquer les *écolo* _____ : notre planète est toute petite et il faut la *écolo* _____.

3 Reconstitue ce **PUZZLE** et retrouve le message envoyé par Greenpeace.

		T							È			
N				U								
						M						
			V					■				
												I
	S.			N'		Y						
					M							
		E !				J						
Z									E !		1	
	%				■	■						
S					■	■			V			
								V		S.		

S	T		D	E		■	P		A	V		■	R		E	S		E	■		■	À		%	■
A	I		D	R		N	E		R	E		O	V		I	E		R	T		I	G		U	R
P	A		G	R		■	1		L	■		O	U		S.	■		S			C	E !		E	N

A	N		C	E		T	T		È	T		S	O		■	T		D	E		N	■		P	S
A	P		N	E		■	N		P	A		■	E		E !	■		C	E		N	T		J	O
■	M		I	E		N	T		A	I		N S.	E		E	T		■	I		■	I		E	A

■	E	O	S	E		E		N	E	M		0	0		I	R	S		S		■	N	P	L
	M	P	R	O	U		N	R	E	S	O	O	S	E	R	S		S						S
A			V		P	N'		N	P	N	N	Y		Z		D	E	A	S					

4 MOTS CODÉS.

MOTS CODÉS. Dans les mots codés, un chiffre représente toujours la même lettre. À partir du mot dont le code est indiqué, trouve la définition d'une science qui date du XIXe siècle.

10 '		7	9	14	10	14	13	2	7 ,
	9 '		7	6	5		10 '		7
5	11	8	7		8	7	6		16
7	10	3	5	2	14	4	6		7
4	5	16	7		10	7	6		7 ^
5	16	7	6		1 V	2 I	1 V	3 A	4 N
5 T	6 S		7	5		10	7		12
2	10	2	7	11		8	3	4	6
	10	7	15	11	7	10		2	10
6		1	2	1	7	4	5		

1 V	2 I	3 A	4 N	5 T	6 S	7	8	9	10	11	12	13	14	15	16

5 ÉNIGMES.

Quel jour sommes-nous ?
Écoute bien : quand après-demain sera hier, il nous faudra autant de jours pour atteindre dimanche qu'il nous en a fallu, quand avant-hier était demain, pour que nous soyons aujourd'hui. Quel jour sommes-nous ? _____

Le berger. Un berger doit faire passer un mouton, un loup et un chou de l'autre côté d'une rivière. Sachant que le loup mange le mouton, que le mouton mange le chou et que le berger ne peut prendre sur sa barque qu'un seul passager, comment va-t-il faire ? _____
_____
_____
_____

Gants et chaussettes.

1) Dans le tiroir d'une commode se trouvent 40 chaussettes de quatre couleurs différentes : 10 blanches, 10 bleues, 10 rouges et 10 noires. Si nous supposons que la commode est placée dans une pièce sombre, combien de chaussettes devras-tu extraire du tiroir pour être certain d'en avoir au moins deux de la même couleur ? _____

2) Dans un autre tiroir se trouvent mélangées 15 paires de gants de 3 couleurs différentes : 5 paires de blancs, 5 paires de gris et 5 paires de noirs, soit au total 30 gants. Combien de gants faut-il extraire du tiroir pour être sûr(e) d'avoir au moins une paire de la même couleur ? _____

6 Relis la **BD** (page 36 du livre). Que veulent dire ces expressions ?

1) **rafistoler :** a) réparer grossièrement b) aimer à la folie c) peindre

2) **tacot :** a) camion b) vieille voiture c) voiture

3) **ce coup-ci :** a) brusquement b) ce bruit-ci c) cette fois-ci

4) **répandre :** a) occuper b) émettre c) apparaître

5) **c'est au point :** a) c'est prêt b) c'est difficile c) c'est intéressant

6) **poison :** a) animal aquatique b) élément toxique c) élément liquide.

7 **GASTON LAGAFFE :** héros ou anti-héros ? Numérote chaque extrait afin de reconstituer le texte.

○ a) ou encore de soigner avec amour sa mouette et son chat.

○ b) Gaston est garçon de bureau au journal « Spirou ».

○ c) d'une longue liste d'anti-héros de la BD. Il reste aujourd'hui l'un des personnages les plus sympa du 9e art.

○ d) Pull-over usé et trop grand, jean lessivé, espadrilles,

○ e) à la fin des années 50. Il apparaît dans le journal « Spirou » dans un costume trop serré et les cheveux gominés. On ne sait pas trop bien ce qu'il fait là. C'est le premier

○ f) Quelle que soit l'urgence de son travail, il n'oublie jamais de faire ses siestes légendaires, de bricoler sa Ford T, de jouer du gaffophone

○ g) Gaston n'a pas le profil du super-héros. Pourtant, qui n'a pas envié sa décontraction à toute épreuve ?

○ h) Gaston a commencé sa carrière de paresseux-bricoleur

8 Comment est **GASTON** ? Entoure les adjectifs qui lui vont bien.

indiscret • frustré • inquiet • habile • ingénu • optimiste • méfiant • original •
désagréable • paresseux • bricoleur • enthousiaste • maladroit • naïf

TRUCS
POUR APPRENDRE

Sérialiste ou globaliste ?

1) Tu déduis facilement le sens général d'une situation de communication quand tu la vois ou quand tu l'entends. ☐

2) Tu préfères avoir un support écrit quand tu écoutes quelque chose à l'oral. ☐

3) Quand tu lis et que tu ne comprends pas un mot ou une expression, tu t'arrêtes et tu cherches à comprendre avant de continuer. ☐

4) Quand tu lis et que tu ne comprends pas un mot ou une expression, tu ne t'arrêtes pas car tu penses que tu découvriras le sens plus tard. Et puis c'est peut-être un mot ou une expression qui ne gênent pas la compréhension essentielle. ☐

5) Quand tu parles ou tu écris, très souvent, tu penses dans ta langue maternelle et tu traduis. ☐

6) Pour parler ou écrire, tu ne traduis pas : tu cherches l'expression qui convient le mieux à la situation. ☐

7) Tu te lances spontanément à parler ou à écrire. ☐

8) Tu aimes avoir le temps de réfléchir avant de parler ou d'écrire. ☐

9) Faire des erreurs ne t'inquiète pas beaucoup parce que tu arrives bien à communiquer. ☐

10) Tu détestes faire des erreurs quand tu parles ou tu écris. ☐

11) Pour apprendre, tu sélectionnes des mots, des structures, des expressions utiles. ☐

12) Tu apprends en répétant des phrases entières ou en fixant des expressions que tu as entendues. ☐

13) Tu préfères apprendre des exemples de grammaire par cœur ou apprendre des phrases modèles. ☐

14) Tu aimes bien réfléchir et comprendre comment fonctionne la grammaire. ☐

15) Tu penses que c'est en parlant qu'on apprend. ☐

16) Pour parler, tu préfères t'appuyer sur tes connaissances. ☐

17) En plus de celles qui te sont dictées, tu prends des notes personnelles qui t'aident à mieux comprendre. ☐

18) Tu prends seulement les notes que ton professeur t'oblige à prendre. ☐

Découvre quel est ton profil dominant et entraîne l'autre pour mieux apprendre.

Globaliste
1
4
6
7
9
12
13
15
17

INTERPRÉTATION :
• Si tu es plutôt globaliste, c'est que tu as mieux entraîné **l'hémisphère droit.**

• Si tu es plutôt sérialiste, c'est que tu as mieux entraîné **l'hémisphère gauche.**

Sérialiste
2
3
5
8
10
11
14
16
18

L'HÉMISPHÈRE
DROIT
Tu as tendance à :

L'HÉMISPHÈRE
GAUCHE
Tu as tendance à :

RÉAGIR SPONTANÉMENT — PLANIFIER AVANT
GÉNÉRALISER — ANALYSER
INDUIRE — DÉDUIRE
SITUER GLOBALEMENT — CLASSER / SÉLECTIONNER
CONCRÉTISER — ABSTRAIRE
EXPÉRIMENTER — RÉFLÉCHIR
APPRENDRE EN FAISANT DES ERREURS — ESSAYER D'ÉVITER LES ERREURS

Cambriolage MANQUÉ

1 Observe ces portraits-robots et décris les deux hommes.

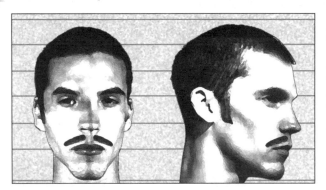 

1) _____

_____

_____

_____

2) _____

_____

_____

_____

2 L'inspecteur Bonichon est à la recherche d'un dangereux cambrioleur. Un indicateur de la police lui a donné les indices suivants :

Cette personne ne porte pas de lunettes. • Elle n'est ni moustachue ni barbue. • Elle ne fume pas. • Elle ne porte pas de gilet. • Elle ne lit pas. • Elle ne porte ni chapeau ni béret. • Elle ne porte pas de vêtements noirs, ni de vêtements à carreaux ou à rayures.

Peux-tu aider l'inspecteur ? Trouve le cambrioleur et fais sa description.

_____

_____

_____

_____

_____

_____

_____

_____

_____

_____

3 Écoute et distingue quand on propose de l'aide (P) et quand on en demande (D).

	1	2	3	4	5	6	7	8	9	10
P	X									
D										

4 Inès raconte des potins, sa copine s'étonne. Complète.

1) ● _Tu ne sais pas la nouvelle ?_ Laurence est amoureuse de Paul ! ■ _Pas possible_ !!!

2) ● _____ Myriam et Odile ne sont plus amies ? ■ _____

3) ● _____ elle a laissé tomber Jean-Jacques ? ■ _____

4) ● _____ sa mère va se remarier pour la 4ᵉ fois ! ■ _____

5) ● _____ elle a quitté son domicile et a pris un studio ! ■ _____

5 Termine ces phrases avec des recommandations.

1) Tu peux partir mais surtout _n'oublie pas les clés_ _____ !

2) Prends toutes tes affaires et surtout _____ !

3) Bon voyage et surtout _____ !

4) Donne bien le bonjour à tout le monde et surtout _____ !

6 Il a peur et il demande de l'aide. Complète.

Au secours !

1 Distingue les événements de la situation dans laquelle ils se produisent : souligne les actions principales et entoure les circonstances. Ensuite, réécris le texte au passé.

1) (Il fait froid, il pleut) je mets ma gabardine, je prends mon parapluie et je sors.

Il faisait froid, il _____

2) Le téléphone sonne. Comme il est dans la salle de bains, il ne peut pas répondre.

_____

3) Elle est dans sa chambre, elle lit tranquillement. Tout à coup, elle entend un grand bruit, alors elle ouvre la fenêtre pour voir ce qui se passe dehors.

_____

_____

2 Mets les verbes entre parenthèses au passé composé ou au plus-que-parfait.

1) Il _a mangé_ (manger) le sandwich que son père lui _____ (préparer).

2) Quand elle _____ (arriver) à l'arrêt, le bus _____ déjà _____ (partir).

3) Comme j'_____ (manger) un gros gâteau à 11 h, à midi je _____ (ne pas déjeuner).

4) Vous _____ (avoir) une mauvaise note parce que vous _____ (ne pas étudier).

3 Complète avec le pronom relatif qui convient (*qui* = sujet ; *que* = C.O.D. ; *où* = lieu).

1) C'est un magazine...
que je trouve très intéressant.
_____ il y a plein d'illustrations.
_____ n'est pas très cher.
_____ j'achète tous les mois.
_____ tu peux trouver des renseignements.

2) C'est un livre...
_____ est extrêmement beau.
_____ on peut trouver de très jolies gravures.
_____ ma mère m'a offert.
_____ je t'ai prêté il y a un an.
_____ il y a des poèmes pour adolescents.

4 Fais des phrases en reliant les deux colonnes. Attention ! Il y a plusieurs possibilités, et pour certaines phrases tu devras ajouter une virgule.

1) La secrétaire
2) Ton père
3) Le réveil
4) Les photos de Julien
5) La robe longue

a) c'est toi qui les as prises.
b) que tu as saluée est très gentille.
c) que tu m'as offerte est splendide.
d) je ne l'ai pas entendu.
e) nous l'avons rencontré hier.
f) que j'ai vu en vitrine n'est pas cher.
g) que tu m'as montrées sont très anciennes.
h) je la trouve géniale.

5 Coche d'une croix la (les) bonne(s) case(s).

1) Je les ai   trouvé ◯ trouvées ⊗ trouvés ⊗ trouvée ◯.

2) Vous leur avez   parlé ◯ parlée ◯ parlés ◯ parlées ◯.

3) Je ne lui ai pas   répondu ◯ répondue ◯ répondus ◯ répondues ◯.

4) Elle les a   acheté ◯ achetée ◯ achetés ◯ achetées ◯.

5) Tu l'as   pris ◯ prise ◯ prises ◯.

6) Tu as   regardé ◯ regardée ◯ regardés ◯ regardées ◯ les étoiles ?

7) Et la lune, tu l'as vu ◯ vue ◯ vus ◯ vues ◯ ?

8) J'ai aussi   entendu ◯ entendue ◯ entendus ◯ entendues ◯ des bruits bizarres.

6 Réponds comme dans l'exemple.

1) Vous avez écouté ces nouveaux CD ?

Oui, _je les ai écoutés_ .

Non, _je ne les ai pas écoutés_ .

2) Vous avez regardé la télé hier ?

Oui, _____ .

Non, _____ .

3) Avez-vous pris les clés ?

Oui, _____ .

Non, _____ .

4) Avez-vous parlé à votre chef ?

Oui, _____ .

Non, _____ .

5) Avez-vous rencontré mes voisins ?

Oui, _____ .

Non, _____ .

6) Vous avez écrit au directeur ?

Oui, _____ .

Non, _____ .

7 **Mets les verbes au temps qui convient.**

Biarritz, le 27 mai

Chère Sabine,

Tu ne connais pas la nouvelle ? Je reviens de Paris ! Tu sais que, le mois dernier, j'_ai participé_ (participer) à un concours ? Eh bien, j'_____ (gagner) le 1er prix : un week-end à la capitale pour deux personnes ! Tous frais payés !! J'_____ (y aller) avec mon grand-père parce qu'il _____ (ne jamais avoir) l'occasion de la visiter.

Je _____ (te raconter) : samedi matin, quand on _____ (arriver) à l'aéroport d'Orly, il y _____ (avoir) un guide qui nous _____ ! (attendre). Le temps de laisser nos valises à l'hôtel et nous _____ (partir) visiter la Tour Eiffel !!!! On _____ (monter) jusqu'au deuxième étage à pied : 1060 marches ! Ensuite, pas une minute à perdre : on _____ (visiter) le tombeau de Napoléon, le Louvre, Notre-Dame... mais à une vitesse !!!! Heureusement que nous _____ (mettre) de bonnes chaussures !

Le soir, comme mon grand-père _____ (être) un peu fatigué, on _____ (faire) une promenade en bateau-mouche. Il n'y_____ (avoir) que des touristes étrangers, nous _____ (être) les seuls Français... Le dimanche... même panorama ! Quand on _____ (rentrer), on _____ (dormir) pendant 3 jours !

Je t'embrasse, je te raconterai tous les détails quand tu _____(venir) au mois de juillet.

Grosses bises

Mathilde

Point conjugaison : révision

1 **Retrouve 25 formes conjuguées de verbes en -ire.**

D	D	M	L	Z	R	I	E	Z	X	N	P	Y	Q	E
E	S	I	J	L	I	S	E	N	T	T	X	S	C	R
C	E	O	K	J	I	V	Q	D	N	P	W	R	O	X
R	N	H	U	X	I	N	T	E	R	D	I	T	N	R
I	G	E	G	R	H	F	S	X	Z	V	P	O	D	I
S	M	L	C	X	I	I	C	R	E	R	Q	R	U	E
A	L	S	F	R	D	T	S	N	S	D	X	I	I	N
R	N	Z	H	D	I	E	T	B	E	J	L	O	T	T
I	S	R	X	M	T	S	D	T	U	I	T	N	W	V
S	T	E	L	I	S	F	R	B	S	T	U	S	I	D
D	K	L	U	M	Z	U	A	E	C	O	V	Z	S	P
B	I	Q	X	Z	I	V	Z	E	V	I	R	C	E	D
T	J	T	Z	S	W	S	O	U	R	I	E	N	T	Q
C	I	P	E	O	M	Z	N	Y	S	N	O	S	I	D
R	H	Z	Z	S	D	I	T	S	N	O	S	I	L	R

2 **Tu as trouvé la conjugaison de ces deux verbes. Recopie-la et tire des conclusions.**

rire   dire

je_____   _____

_____   _____

_____   _____

_____   _____

_____   _____

_____   _____

_____

_____

_____

_____

_____

_____

Celui-ci ou CELUI-LÀ ?

00000100001000

1

Sophie ne sait pas quoi mettre pour son premier rendez-vous avec Thibaut. Sa copine Juliette l'aide à choisir. Complète avec des pronoms démonstratifs.

■ Quelle robe tu vas mettre ce soir, _celle-ci_ ou _____ ?

● Je crois que je vais mettre _____, elle est plus originale. Mais avec quelles chaussures, _____ ou _____ ?

■ Les deux vont très bien, mais je préfère _____ qui ont un petit talon.

● À ton avis, quels collants vont mieux avec la robe, _____ ou _____ ?

■ Mets _____ que tu as achetés hier, ils sont plus rigolos.

● Quel sac me conseilles-tu de prendre, _____ ou _____ ?

■ Moi, je prendrai _____ de ta sœur. Je trouve qu'il va mieux avec ta robe.

● Merci ! Heureusement que tu es là !

Point orthographe

1

Entoure chaque type de « e » accentué d'une couleur différente.

Mon père regarde tous les jours la même émission à la télé.

2

Écoute et, quand il le faut, mets les accents aigus, graves ou circonflexes sur les « e ».

1) Vous préférez une tarte à la creme ou une crepe ?

2) Elles preferent ne pas manger.

3) Elles achetent les legumes pres de chez toi.

4) Cette piece n'est pas tres bien eclairee, elle a une seule fenetre.

5) Arrete de faire du bruit, j'ai mal à la tete.

3

Écoute le verbe et mets les accents. Ensuite, réponds aux questions.

je préfère   a) À quelles personnes est-ce que le verbe s'accentue de la même manière ?

tu preferes   _____

elle prefere

nous preferons   b) La syllabe qui suit le « è » contient quelle voyelle ? _____

vous preferez   Est-ce que celle-ci se prononce ? _____

elles preferent

D4 sons et rythmes

1 Indique si tu entends le son [ɛ̃] de *voisin*, le [jɛ̃] de *tunisien* ou le [jɛn] de *tunisienne*.

	1	2	3	4	5	6	7	8	9	10
[ɛ̃]										
[jɛ̃]										
[jɛn]	X									

2 Complète avec le plus de mots possible ayant la même terminaison phonétique.

[ɛ̃]	[jɛ̃]

cubain, _____   _chien,_ _____

_____   _____

_____   _____

_____   _____

_____   _____

_____   _____

3 Joue à faire des phrases ou des groupes de mots avec les sons indiqués.

[p] / [b]
Papa bavarde avec un copain du bureau. La porte blanche. _____

_____

[f] / [v]
Le vase de Françoise. _____

_____

[k] / [g]
Le café de la gare est grand. _____

_____

[s] / [z]
Le savon rose. _____

_____

[ʃ] / [ʒ]
Je ne chante jamais dans le jardin. _____

_____

ATELIER d'écriture

TEXTE À L'ENVERS

GRONDOTTE

Il était une fois une jeune fille qui s'appelait Grondotte. Elle était grande et maigre. Ses yeux gris faisaient penser à l'orage et ses cheveux blonds ébouriffés semblaient des toiles d'araignée.

Elle habitait dans une villa au sommet d'une montagne. Personne n'allait voir Grondotte pour ne pas se faire gronder, bien sûr ! Grondotte portait toujours des robes serrées avec des poches minuscules..

À l'intérieur, il y avait des flacons pourpres, bleus et dorés, et dans ces flacons se trouvaient : des reproches pour les mémés, des doigts levés pour les bébés, des gros mots pour les enfants gâtés, des injures pour les mal élevés et même des insultes si on se plaignait !

Grondotte jurait alors : « Parbleu, Ventrebleu, Sacrebleu !!! » et plus rien ne bougeait !...

1 **Lis le texte. Réponds.**

1) Par quoi commencent les contes, en général ? _____

2) Quel temps utilise-t-on pour les descriptions ? _____

3) Souligne de différentes couleurs ce qui se réfère aux habitudes, au caractère et au physique de Grondotte.

2 **À partir de cette description, invente et décris un autre personnage en jouant sur les contraires.**

Exemple : Il était une fois une vieille dame...

_____
_____
_____
_____
_____

Un jour, que lui est-il arrivé ?

_____
_____
_____
_____
_____

le commerce illicite

Tu as une bonne mémoire ?

Vrai ou Faux ?

		V	F
1	Traffic-Europe est un programme consacré à la surveillance du commerce d'espèces sauvages.	○	○
2	Le trafic d'espèces concerne seulement les animaux.	○	○
3	WWF, c'est le sigle du Fonds Mondial pour la Nature.	○	○
4	Ramener d'un voyage des objets en ivoire est une action illégale pour tous les pays du monde.	○	○
5	Le commerce international de l'ivoire est interdit depuis 1990.	○	○
6	Quelques spécimens végétaux à l'état sauvage peuvent être importés en Europe.	○	○
7	Le commerce de spécimens végétaux reproduits en milieu artificiel est autorisé.	○	○
8	Si on rapporte de l'étranger une espèce protégée, les sanctions ne sont pas très graves.	○	○

Si tu as moins de 5 réponses correctes, relis les documents des pages 46 et 47 du livre.

TEST de compréhension ORALE

1 📼 Écoute et coche d'une croix la (les) bonne(s) réponse(s).

① **Ces trois jeunes reviennent...**
- a) d'un pays européen. ○
- b) d'un pays exotique. ○
- c) de Londres. ○

② **Un de ces trois jeunes proteste...**
- a) parce qu'il a mal aux pieds. ○
- b) parce que ses valises sont lourdes. ○
- c) parce que les douaniers sont lents. ○
- d) parce qu'il est fatigué du voyage. ○

③ **Il pense que...**
- a) ce qu'il a acheté est cher. ○
- b) ce qu'il a acheté est bon marché. ○
- c) ce qu'il a acheté est de très bonne qualité. ○

④ **Il a acheté...**
- a) un sac en crocodile. ○
- b) un collier en ivoire. ○
- c) un panier en osier. ○
- d) des chaussures en serpent. ○
- e) un jeu d'échecs en ivoire. ○
- f) un panier fait dans un pied d'éléphant. ○

⑤ **Ses copains sont très surpris...**
- a) de son inconscience. ○
- b) de son ignorance. ○
- c) de son sens de l'humour. ○
- d) de sa cruauté. ○

⑥ **Ses copains...**
- a) se fâchent contre lui. ○
- b) se moquent de lui. ○
- c) sont contents de lui. ○

⑦ **Il est interdit d'acheter...**
- a) de l'or. ○
- b) des objets faits avec la peau des animaux. ○
- c) des objets en bois. ○
- d) de l'ivoire. ○
- e) de l'argent. ○

⑧ **Ce jeune risque...**
- a) de payer une amende. ○
- b) d'aller en prison. ○
- c) de perdre tous ses cadeaux. ○

2 **Complète le résumé.**

Trois jeunes reviennent (1) _____ . Ils font la queue pour (2) _____ .

Un des trois proteste parce que (3) _____ et que ses (4) _____ .

Il pense que ce qu'il a acheté (5) _____ , comme par exemple un (6) _____

_____ pour sa mère. Ses copains (7) _____ , car (8) _____

d'acheter de l'ivoire et des objets faits avec la peau (9) _____ .

1 Complète avec un pronom relatif.

1) Elle a regardé les photos...

_____ j'ai prises cet été.

_____ étaient sur la table.

_____ on voit mon frère sur un bateau.

2) C'est une statue...

_____ se trouve à New York.

_____ il y a un ascenseur.

_____ a été offerte par le gouvernement

français au gouvernement américain.

/ 6

2 Fais les accords des participes passés, si c'est nécessaire.

1) Elles ont invité _____ des copains. Ils ne sont pas venu _____ , alors elles ne les ont plus rappelé _____ et ils se sont fâché _____ .

2) Elles sont parti _____ à la montagne. Elles ont visité _____ un joli petit village. Vous avez vu _____ les photos qu'elles ont pris _____ ? Vous les avez aimé _____ ?

/ 9

3 Remets en ordre ces phrases.

1) lui • pas • Je • la • ai • vérité. • ne • dit

2) jamais • les • ne • ai • vus. • Je

3) les • Tu • plus • trouvées. • ne • as

4) pas • Vous • rencontrés. • ne • encore • avez • les

5) ne • a • leur • répondu. • Elle • rien

1) _____

2) _____

3) _____

4) _____

5) _____

/ 5

4 Complète avec des verbes au temps voulu.

À cette époque-là, elle _____ seule dans son petit studio. Elle ne _____ personne dans le quartier et sa vie _____ grise et monotone. Un jour, quelqu'un _____ à sa porte. C' _____ M. Dreyfus, le nouveau voisin du 5e. Ils _____ un bon moment et ils _____ de se revoir. Maintenant, ils _____ mariés. Dans quelques mois, ils _____ leur premier bébé.

/ 9

5 Complète avec un pronom possessif ou démonstratif.

1) ● C'est ta trousse ou _____ de Mireille ?

■ C'est _____ , je vais la lui donner.

2) ● Ce sont tes crayons ou _____ de Georges ?

■ Ce ne sont ni _____ ni _____ de Georges, mais Brigitte cherche _____ .

/ 6

SCORE FINAL : / 35

LEXIQUE

Voilà le vocabulaire du Dossier 4. Traduis les mots dans ta langue.

affolé / e _____

À l'aide ! _____

argile verte (fém.) _____

Au secours ! _____

barbiche (fém.) _____

bousculade (fém.) _____

câlin (masc.) _____

cambriolage (masc.) _____

cambrioleur (masc.) _____

carré / e _____

cheveux crépus (masc. plur.) _____

cheveux en brosse (masc. plur.) _____

cheveux gominés (masc. plur.) _____

danger (masc.) _____

emploi du temps (masc.) _____

enquête (fém) _____

entretien (masc.) _____

événement (masc.) _____

faire un tour _____

fait divers (masc.) _____

fossette (fém.) _____

fouiller _____

frange (fém.) _____

gêner _____

grain de beauté (masc.) _____

lâcher _____

large _____

lèvres charnues (fém. plur.) _____

menton en galoche (masc.) _____

moustache (fém.) _____

nez crochu (masc.) _____

nez droit (masc.) _____

nez écrasé (masc.) _____

nez retroussé (masc.) _____

ovale _____

pareil / eille _____

par terre _____

pattes (fém. plur.) _____

peau (fém.) _____

pointu / e _____

portrait-robot (masc.) _____

réveil-matin (masc.) _____

rond / e _____

se remettre de ses émotions _____

signes particuliers (masc. plur.) _____

suspect (masc.) _____

taches de rousseur (fém. plur.) _____

triangulaire _____

visage (masc.) _____

voleur (masc.) _____

yeux bridés (masc. plur.) _____

yeux cernés (masc. plur.) _____

yeux enfoncés (masc. plur.) _____

yeux globuleux (masc. plur.) _____

Écris d'autres mots que tu as appris dans ce dossier.

_____

_____

_____

cinquante et un **51**

AUTO-ÉVALUATION

JE SUIS CAPABLE DE...

COMPRÉHENSION ORALE

1 Me faire une opinion sur un événement passé à partir de diverses versions, celle de la victime, celle d'une voisine, celle des témoins.

2 Comprendre l'interrogatoire d'un suspect par la police.

3 Comprendre une chanson qui parle d'une personne indécise.

4 Répondre facilement au TEST DE COMPRÉHENSION ORALE.

EXPRESSION ORALE

5 Demander de l'aide, renseigner ou rassurer quelqu'un.

6 Raconter un événement surprenant auquel j'ai assisté.

7 Faire le portrait-robot des suspects d'un cambriolage.

8 Raconter et commenter des informations sur la vie de mes grands-parents à mon âge.

COMPRÉHENSION ÉCRITE

9 Comprendre un fait divers raconté dans un journal.

10 Lire une longue histoire insolite, repérer et déduire ce que je ne comprends pas.

11 Comprendre un dépliant sur le commerce illicite de la flore et de la faune.

12 Comprendre un test sur mon profil d'apprentissage pour pouvoir y répondre sans aide.

EXPRESSION ÉCRITE

13 Décrire, de façon detaillée le physique d'un personnage.

14 À partir d'un modèle, réécrire le début d'un conte en changeant la description du personnage présenté.

15 Imaginer ce qui a pu arriver à ce personnage pour donner une suite à l'histoire.

RÉFLEXION

16 Savoir comment former l'imparfait et le plus-que-parfait de presque tous les verbes.

17 Réfléchir sur l'emploi des divers temps du passé pour faire des descriptions, raconter des histoires ou rapporter des faits.

18 Réfléchir sur l'emploi des pronoms démonstratifs *celui de*, *celui que*, *celui qui*.

19 Comprendre le rôle des accents grave, aigu et circonflexe sur la lettre « e ».

20 Résumer le système sonore des consonnes en français et le comparer avec ma langue.

ATTITUDES

21 Auto-évaluer et améliorer mes manières d'apprendre. Devenir sérialiste et globaliste.

22 Comprendre et respecter les lois sur la protection des espèces.

JE DÉCIDE D'AMÉLIORER...

● N° _____

♥ N° _____

■ N° _____

♥ N° _____

♦ N° _____

◆ N° _____

TRUCS
POUR APPRENDRE

TEST

Ton cerveau : un chef d'orchestre et une centrale électrique.

[Coche ce qui est vrai.]

Que sais-tu sur ton cerveau ?

	oui	non
1 Est-il moins volumineux que celui d'un orang-outan ?	☐	☐
2 Est-ce qu'il a besoin d'oxygène, comme les poumons ?	☐	☐
3 Doit-on le nourrir avec un carburant comme un moteur ?	☐	☐
4 Travaille-t-il jour et nuit ?	☐	☐
5 Peut-il se transformer encore après 40 ans ?	☐	☐
6 A-t-on toujours cru qu'il était le siège de l'intelligence ?	☐	☐
7 Ton cerveau te permet-il d'associer tes connaissances de multiples manières ?	☐	☐
8 Peux-tu entraîner ton cerveau à apprendre plus facilement ?	☐	☐
9 Peut-il se bloquer quand tu as peur, au moment d'un contrôle ?	☐	☐
10 L'intelligence des machines surpasse-t-elle actuellement le cerveau humain ?	☐	☐

Solutions

1 Non. Le cerveau d'un orang-outan est de 400 cm³ alors que celui d'un humain est de plus de 1 200 cm³.

2 Oui. Il absorbe 20 % de l'oxygène de ton corps.

3 Oui. Son carburant principal est le sucre apporté par le sang.

4 Oui. Il y a beaucoup de zones du cerveau qui se reposent la nuit, surtout les zones en rapport avec les émotions, mais il y a certaines zones qui restent actives pendant le rêve.

5 Oui. Les neurones gardent leur aptitude à se réorganiser tout au long de la vie en fonction des apprentissages et le cerveau se régénère encore en partie à 75 ans.

6 Non. 500 ans av. J.-C. Hippocrate et Aristote pensaient que l'intelligence se trouvait dans le cœur.

7 Oui. Ton cerveau est un immense ordinateur avec des milliards de connexions (16 000 km de fibres) qui se ramifient autour de milliards de petites centrales électriques, les neurones et leurs synapses qui servent de carrefour et peuvent emmagasiner toutes sortes d'informations. Plus tu utilises cet immense réseau de communications, plus tu multiplies les associations.

8 Oui. Le cerveau est un vrai chef d'orchestre. Il nous permet de percevoir visuellement et auditivement, de reconnaître, de classer, de mémoriser, de raisonner, d'associer, de reconstruire, de parler, et bien d'autres choses encore. On peut l'entraîner toute sa vie. Plus on l'entraîne, mieux il fonctionne, et plus c'est facile.

9 Oui. Les émotions comme l'angoisse, la peur de mal faire, bloquent nos capacités.

10 Non. Deeper Blue a vaincu le champion Kasparov aux échecs en 1997 et, pourtant, aucune machine n'est capable d'apprendre au cours d'une partie. Elle ne peut qu'emmagasiner des parties jouées antérieurement. Il semble que, si Kasparov a perdu, c'est surtout parce qu'il a mal joué.

Que faire pour entraîner le potentiel de notre cerveau ?

Notre cerveau est notre instrument principal pour apprendre et pour nous adapter au monde. Plus on l'exerce, plus il se développe et plus on apprend facilement. Tu peux l'entraîner pour presque toutes les activités qui te servent à apprendre et à retenir :

• Tu peux d'abord le soigner et le préserver en lui donnant du repos (en dormant), en le nourrissant avec du sucre et de la lécithine, et en l'oxygénant (en faisant de l'exercice).

• Surtout, tu peux t'entraîner à faire coopérer tes deux hémisphères. Tu peux apprendre à gérer ton apprentissage visuellement si tu es auditif, ou vice versa. Tu peux apprendre à être globaliste si tu es sérialiste, et vice versa.

• Tu peux aussi apprendre à le débloquer quand tu as peur en te relaxant et en sachant qu'en général on peut faire beaucoup mieux qu'on ne croit quand on est calme et qu'on utilise toutes ses possibilités.

Ces objets QUI ONT UNE ÂME

1 Trouve la question pour savoir ce qu'il y a dans le paquet.

1) _C'est rond_ ? Non, c'est rectangulaire.

2) _____ ? Non, c'est lourd.

3) _____ ? Il suffit d'appuyer sur un bouton.

4) _____ ? Oui, ce n'est pas du tout silencieux.

5) _____ ? Ça sert à s'informer, à passer un bon moment et parfois même à s'endormir.

6) Ah, je sais, c'est _____.

2 Indique, à l'aide d'une préposition, les caractéristiques de ces vêtements.

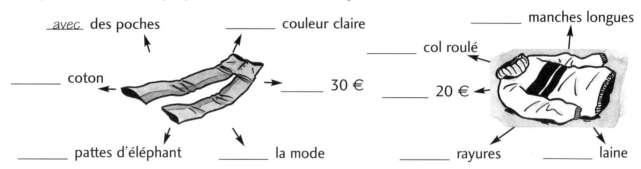

avec des poches
_____ couleur claire
_____ manches longues
_____ col roulé
_____ coton
_____ 30 €
_____ 20 €
_____ pattes d'éléphant
_____ la mode
_____ rayures
_____ laine

3 Complète les expressions avec une préposition et explique la différence entre les deux.

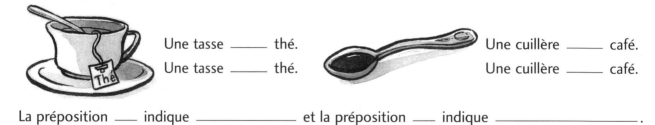

Une tasse _____ thé.
Une tasse _____ thé.

Une cuillère _____ café.
Une cuillère _____ café.

La préposition ___ indique _____ et la préposition ___ indique _____.

4 Le monde à l'envers. As-tu déjà vu un de ces objets ? Complète cette liste.

1) Une table en papier ?
2) Des roues carrées ?
3) Un pull _____ ?
4) Un ballon _____ ?

5) _____
6) _____
7) _____
8) _____

5 Observe ces illustrations. Choisis un de ces objets anciens et imagine sa vie.

a) Complète les questions suivantes en utilisant l'imparfait.

1) Où _habitait-il_____ ? Dans une grande maison ? Dans un garage ? Dans une armoire ?

2) Que _____ pendant la journée ? Le matin ? L'après-midi ? Le soir ?

3) Qui _____ ses amis ? Que _____ ensemble ?

4) Qu'est-ce qu' _____ tout particulièrement ?

5) De quoi _____ horreur ? Qu'est-ce qu'_____ ?

6) _____ une existence agréable ?

7) _____ heureux / euse ?

b) Raconte à la 1ère personne du singulier la vie de ton objet. Tu peux suivre l'ordre suggéré par les questions précédentes.

_____

_____

_____

_____

_____

_____

_____

PUBLICITÉ

1 Indique si le verbe est à l'imparfait (I), au futur (F) ou au conditionnel (C).

1) Vous regardiez. (I)
   Vous regarderiez. (C)
   Vous regarderez. (F)

2) Je préparerais. (C)
   Je préparerai. (F)
   Je préparais. (I)

3) Nous attendrons le bus. (F)
   Nous attendions le bus. (I)
   Nous attendrions le bus. (C)

4) Vous descendiez par là. (I)
   Vous descendriez par là. (C)
   Vous descendrez par là. (F)

5) Je devrai finir. (F)
   Je devrais finir. (C)
   Je devais finir. (I)

6) Je conduisais très vite. (I)
   Je conduirai très vite. (F)
   Je conduirais très vite. (C)

2 Écoute et indique si le verbe est à l'imparfait (I), au futur (F) ou au conditionnel (C).

	1	2	3	4	5	6	7	8	9	10
I										
F										
C	X									

3 Écoute et indique s'il s'agit d'une demande polie (D), d'un souhait ou désir (S) ou d'une proposition (P).

	1	2	3	4	5	6	7	8	9	10
D										
S	X									
P										

4 Un peu plus de politesse ! Classe ces demandes, de la formule la moins polie à la plus polie.

1

Tu me passes le sel ? ③
Le sel ! ①
Passe-moi le sel ! ②
Tu pourrais me passer le sel ? ④
Pourrais-tu me passer le sel ? ⑤

2

Veux-tu te taire, s'il te plaît ! ④
Ferme-la ! ②
Tu pourrais te taire. ③
Tais-toi ! ①
Pourrais-tu te taire, s'il te plaît. ⑤

5 **Mets les verbes au conditionnel présent.**

1) Tu (faire) _ferais_ cela pour lui ?

2) Vous (être) _etaiez_ plus heureux comme ça.

3) Je (venir) _vendrais_ volontiers avec vous.

4) Nous (pouvoir) _pourraions_ rester ici.

5) On (aller) _____ au cinéma.

6) Est-ce qu'il y (avoir) _____ encore une place ?

7) (Savoir) _saureuz_ -vous la réparer ?

6 **Reformule les phrases pour être encore plus poli !**

1) Peux-tu m'accompagner ? _Pourrais-tu m'accompagner ?_

2) Tu dois faire un effort. _____

3) Vous pouvez me prêter 15 € ? _____

4) Tu veux jouer aux cartes avec moi ? _____

5) Pouvez-vous vous taire un instant ? _____

6) Vous avez des allumettes ? _____

Point conjugaison : révision

1 **Conjugue le verbe *devoir*.**

2 **Conjugue le verbe *boire*.**

1 **Un maquillage réussi pour se déguiser en vieillard.**

Complète ces instructions avec les verbes suivants : *mettre, trouver, commencer, froncer, donner, plisser, dessiner, saupoudrer.*

Vous devez _commencer_ par appliquer une couche de fond de teint d'une couleur semblable à votre peau. Il ne faut pas trop en _____. _____-vous des rides avec un crayon à sourcils. Pour _____ l'emplacement naturel de vos rides, vous devez _____ les sourcils ou _____ les yeux. _____ vos cheveux et vos sourcils de talc pour leur _____ une teinte grisonnante.

2 **De quoi as-tu besoin pour réaliser ce maquillage ?**

J'ai besoin de _fond de teint,_ _____

_____

_____

_____

_____

3 **Complète les phrases suivantes.**

1) Tu as besoin _de_ quelque chose ?

2) _____ as-tu besoin pour faire ce potage ?

3) J'_____ besoin _____ crayons _____ dessiner.

4) Vous _____ dictionnaire _____ traduire ?

4 **Complète le texte suivant à l'aide de la boîte à mots.**

laissez tremper • il vaut mieux que • mélangez • il vous faut • vous devez • il faut que • dépliez • il faut plier • vous enleviez

TEINTURE À L'EAU DE JAVEL

Pour réaliser cette teinture, _il vous faut_ : un vieux T-shirt de couleur, de la ficelle, un demi-verre d'eau de Javel et 5 litres d'eau.

Mode d'emploi : D'abord, _____ le T-shirt en deux dans le sens de la largeur. Ensuite, pliez-le en deux dans le sens de la longueur. Prenez un des coins ainsi formés et, à 1 cm, nouez un bout de ficelle. _____ refaire l'opération 5 cm plus bas, puis encore 10 cm plus bas. _____ l'eau de Javel et les 5 litres d'eau dans une bassine et _____ le T-shirt ainsi ficelé deux ou trois minutes.

Ensuite, _____ vous le rinciez abondamment à l'eau froide et que _____ les ficelles. _____ le T-shirt et vous verrez apparaître trois cercles concentriques.

Attention ! _____ vous mettiez des gants de caoutchouc et un tablier pour éviter les taches.

5 **Donne ces consignes autrement.**

1) Pliez le T-shirt.

    a) Il ____faut____ plier le T-shirt.

    b) _____ doit _____ .

    c) _____ que vous _____ .

    d) Vous _____ plier _____ .

2) _____ .

    a) Il faut _____ .

    b) _____ le rincer d'abord.

    c) _____ que vous _____ .

    d) Vous _____ .

3) Laissez-le tremper 2 ou 3 minutes.

    a) _____ .

    b) _____ .

    c) _____ .

    d) _____ .

4) Recommandation : mettez un tablier.

    a) Il faudrait que _____ .

    b) Il _____ mieux _____ .

    c) Il vaudrait _____ .

    d) _____ conseille _____ .

Point orthographe

1 **Souligne, dans chaque phrase, les graphies du son [s] et écris-les dans le tableau.**

1) Elle a une prononciation sensationnelle.

2) C'est une personne très sage et très sensible.

3) Les saucissons de Lyon sont célèbres.

4) La Bastille est le symbole de la Révolution française.

5) Pour qui sont ces serpents qui sifflent sur vos têtes ? (Racine)

Graphies du son [s]		
c	___	___
___	___	

2 **Retrouve huit mots terminés en -tion.**

3 **« s » ou « ss » ? Écoute et complète.**

1) Vous connai**ss**ez mon cou__in Blai__e ?

2) Comme de__ert, il y a des frai__es, des ceri__es et quelques fruits de la pa__ion. C'est a__ez appéti__ant !

3) Qu'est-ce qu'il est amu__ant ! Per__onne ne réu__it à garder __on __érieux quand il plai__ante.

1 Complète ces expressions avec la bonne couleur.

1) Tu as une peur ___bleue.___

2) Tu es _____ de rage.

3) Tu vois tout en _____ .

4) Tu es _____ comme un linge.

5) Tu vois la vie en _____ .

Maintenant, trouve l'expression équivalente à...

1) Tu es optimiste.

_____

2) Tu es pessimiste.

_____

3) Tu es très pâle.

_____

2 Complète cette grille avec des mots que tu connais.

S	T	O	P		
S	T				
S	T				
S	T				
S	T				
S	T				

STOP

Est-ce que tu connais d'autres mots qui commencent par S + consonne ?

_____

_____

_____

_____

3 Retrouve les 2 consonnes de cette phrase *pas facile à dire.*

_ _OIS _O_ _UES _ _O_ _AIENT SU_ _ _OIS É_ _OI_S _OI_S ;
_ _O_ _ANT SU_ _ _OIS É_ _OI_S _OI_S, _ _O_ _AIENT
_ _OIS _O_ _UES _ _O_ _ANT.

4 Puzzle. Mets ces mots en ordre pour retrouver une phrase *pas facile à dire.*

bras • grasse • croque • roses • une • blancs • aux • radis • gros • les • ronds • grosse • beaux • mère • gros • bonne

_____

_____

ATELIER d'écriture

CONSEILS MALINS

1 **Lis ce texte. Donne quelques conseils à tes camarades sur ce modèle.**

Aujourd'hui tu as cours, mais... tu n'as pas du tout envie d'aller au lycée. Voici quelques idées pour être un bon malade « imaginaire »

1 Tu dois mettre un fond de teint pâle, du gris sous les yeux. Appelle ta mère et dis d'une petite voix : « Je ne me sens pas bien. »

2 Prends ensuite ta température avec un thermomètre chauffé au-dessus d'une lampe. Dis à ta mère : « J'ai 38° de fièvre mais il faut que j'aille au lycée. »

3 Quand ta mère dira : « Je vais appeler le docteur », tranquillise-la : « T'inquiète pas, maman ! Je prends une aspirine et je me couche. »

4 N'oublie pas les bruitages :
• Tousse toutes les cinq minutes, la main sur le cœur.
• Gémis toutes les six minutes : « Aïe, aïe ! »
• Soupire.

5 Pour que ça fasse plus vrai, serre ta ceinture de deux crans ; tu auras vraiment du mal à respirer.
Ta mère doit partir travailler.
Après quelques bisous et recommandations...
À toi la liberté ! Télé, coca et pourquoi pas une pizza !

2 **Construis un texte sur le modèle. Voici quelques petites idées qui peuvent être prises au sérieux ou être parodiées :**

Pour être le / la chouchou(te) de tous les profs. Pour être le / la touriste parfait(e). Pour être branché(e). Pour être un(e) fana de...

_____
_____
_____
_____
_____
_____
_____
_____
_____

Molière et son époque

Tu as une bonne mémoire ?

Vrai ou Faux ?

V **F**

1. La *commedia dell'arte* a profondément influencé les pièces de Molière. ○ ○

2. La *commedia dell'arte* est un théâtre comique né au XVIIIe siècle en Italie. ○ ○

3. Les acteurs de la *commedia dell'arte* chantaient, dansaient et improvisaient sur scène. ○ ○

4. Le vrai nom de Molière était Jean-Baptiste Poquelin. ○ ○

5. Molière est aussi le nom d'un village. ○ ○

6. Molière fonde sa troupe l'*Illustre Théâtre* à 22 ans. ○ ○

7. Molière critique et ridiculise la société de son époque. ○ ○

8. Molière est mort sur scène après la 4e représentation de *L'Avare*. ○ ○

9. Molière a toujours représenté ses pièces à Paris. ○ ○

10. De nos jours, les critiques de Molière ne sont plus d'actualité. ○ ○

11. Voici quelques chefs-d'œuvre de Molière :

	V	**F**			**V**	**F**
a) *Macbeth*	○	○	e) *Tartuffe*		○	○
b) *Les Précieuses ridicules*	○	○	f) *Le Bourgeois gentilhomme*		○	○
c) *Carmen*	○	○	g) *Le Cid*		○	○
d) *Hamlet*	○	○	h) *L'Avare*		○	○
			i) *Le Médecin malgré lui*		○	○

Si tu as moins de 5 réponses correctes, relis les documents des pages 58 et 59 du livre.

TEST de compréhension ORALE

1 📻 Écoute et coche d'une croix la (les) bonne(s) réponse(s).

Ⅰ Deux collègues...

a) ont lu le journal. ⭕
b) ont écouté la radio ce matin. ⭕
c) parlent d'une nouvelle. ⭕
d) se racontent des potins. ⭕
e) commentent un fait divers. ⭕

2 Titres possibles de l'article.

a) Vol de bijoux. ⭕
b) Fabuleux héritage. ⭕
c) Trésor volé. ⭕
d) Honnêteté mise à l'épreuve. ⭕
e) Chapeau, les chômeurs ! ⭕

3 Un vieux monsieur...

a) est mort. ⭕
b) habitait Bordeaux. ⭕
c) vivait dans un petit village. ⭕
d) résidait en Bourgogne. ⭕
e) a laissé sa maison en héritage. ⭕
f) n'avait pas d'enfants. ⭕

4 Emmaüs...

a) c'est une personne. ⭕
b) c'est une organisation humanitaire. ⭕
c) c'est le nom d'un village. ⭕

5 Les trois chômeurs...

a) sont des personnes qui n'ont pas de travail. ⭕
b) ont vidé et nettoyé la maison. ⭕
c) n'ont pas vu le trésor. ⭕
d) ont trouvé le trésor. ⭕
e) ont informé les autorités du village. ⭕
f) ont emporté le trésor chez eux. ⭕
g) ont déposé le trésor à la mairie. ⭕
h) sont dignes d'admiration. ⭕

6 Dans le coffre, il y avait...

a) des bijoux. ⭕
b) des millions de francs. ⭕
c) des vieilles pièces. ⭕
d) des tableaux et des objets d'art. ⭕

7 La nouvelle est intéressante parce qu'...

a) elle présente un fait insolite. ⭕
b) elle présente un problème à résoudre. ⭕
c) elle propose des solutions pour le chômage. ⭕
d) elle illustre un comportement exemplaire. ⭕

2 Complète le résumé.

Un homme et une femme (1) _____ un fait divers entendu (2) _____ .

Un vieux monsieur qui habitait dans (3) _____ en (4) _____ a laissé sa

maison en héritage à (5) _____ . Trois jeunes (6) _____ qui sont

allés (7) _____ et (8) _____ la maison ont trouvé (9) _____

plein de (10) _____ .

1 Dis autrement...

1) On doit partir tout de suite.

_____

2) Il faut vous dépêcher.

_____

3) Arrête de faire du bruit !

_____

4) Il faut finir maintenant.

_____

5) Mets ton pull, il fait froid.

_____

/ 5

2 Complète avec une expression qui indique la nécessité.

1) Apportez-lui de l'eau, il a soif.

Il _____ boire.

2) Pour réaliser ce maquillage,

_____ .

3) Couche-la. Elle _____

de dormir.

4) _____ pour te déguiser ?

/ 4

3 Trouve le contraire.

1) Ce pull à manches courtes / _____ me plaît.
2) J'habite une rue très étroite / _____.
3) Ton sac est plein / _____.
4) Ce plafond est très bas / _____.
5) Cette table est très lourde / _____.
6) Ce bleu foncé / _____ est très beau.
7) Cet animal est très jeune / _____.

/ 7

4 Reformule un peu plus poliment ces phrases.

1) Est-ce que tu peux m'accompagner ?

_____

2) Tu as deux minutes de libres.

_____

3) Nous voulons te parler.

_____

4) J'aime mieux l'autre.

_____

5) Vous devez faire un petit effort.

_____

6) Nous devons être plus prudents.

_____

7) On peut aller au cinéma.

_____

8) Voulez-vous venir dîner chez nous ?

_____

/ 8

5 Complète ce récit d'un terrible cauchemar.

J'_____ dans une maison bizarre, _____ de château à moitié en ruine. Un homme, qui était en face de moi, _____ fixement. J'_____ et je me suis mise à courir ; l'homme me poursuivait avec _____. _____ je regardais tout le temps en arrière, _____ tombée plusieurs fois. Je courais mais la distance _____ nous séparait était de plus en plus courte. Je _____, je hurlais mais _____ m'entendait. Finalement, quand il était sur le point de me rattraper, je _____. Ouf !

/ 11

SCORE FINAL : / 35

LEXIQUE

Voilà le vocabulaire du Dossier 5. Traduis les mots dans ta langue.

à café _____

à carreaux _____

à pois _____

appartenir _____

à talons _____

autrefois _____

avoir besoin de _____

avouer _____

bas / basse _____

bijou *(masc.)* _____

bleu foncé _____

carré / e _____

chausser _____

chaussure *(fém.)* _____

court / e _____

d'ailleurs _____

en argent _____

en bois _____

en coton _____

en fer _____

en satin _____

en verre _____

étroit / e _____

fond de teint *(masc.)* _____

frein *(masc.)* _____

front *(masc.)* _____

guidon *(masc.)* _____

haut / e _____

jaune pâle _____

large _____

léger / légère _____

loge *(fém.)* _____

long / ue _____

lourd / e _____

menton *(masc.)* _____

metteur en scène *(masc.)* _____

n'importe quoi _____

ovale _____

pinceau *(masc.)* _____

plein / e _____

pièce *(fém.)* _____

prix *(masc.)* _____

roue *(fém.)* _____

semelle *(fém.)* _____

s'ennuyer _____

sur le bout des doigts _____

tourbillon *(masc.)* _____

tournée *(fém.)* _____

tracer _____

trou de mémoire *(masc.)* _____

troupe *(fém.)* _____

tuyau d'échappement *(masc.)* _____

_____

vide _____

Écris d'autres mots que tu as appris dans ce dossier.

_____

_____

_____

AUTO-ÉVALUATION

JE SUIS CAPABLE DE...

COMPRÉHENSION ORALE

1 Comprendre un long monologue humoristique.

2 Comprendre quelqu'un qui donne des consignes et des conseils.

3 Comprendre lorsque quelqu'un donne son avis, argumente, raisonne.

4 Répondre sans faute au Test de compréhension orale.

EXPRESSION ORALE

5 Exprimer des souhaits, des désirs ou des besoins.

6 Faire la description détaillée d'un objet que j'aime ou que je déteste.

7 M'exprimer correctement en formant des phrases longues et complexes.

8 Faire des suggestions, proposer des idées pour améliorer l'avenir.

9 Donner des indications pour réaliser quelque chose de compliqué.

10 Représenter un extrait de pièce de théâtre en public.

COMPRÉHENSION ÉCRITE

11 Comprendre des instructions pour réaliser un T-shirt original.

12 Percevoir l'humour contenu dans un extrait d'une comédie du XVIIe siècle.

13 M'informer sur la vie de Molière, sur son époque et sur son théâtre.

14 Être autonome pour lire toutes sortes de textes en français : revues, dépliants, tests, textes littéraires, etc.

15 Comprendre comment fonctionne notre cerveau.

EXPRESSION ÉCRITE

16 Raconter les souvenirs et les expériences d'un objet.

17 Faire des phrases assez longues. Argumenter, expliquer ou détailler un choix ou une décision par écrit.

18 Donner des conseils malins par écrit à des amis, par exemple : *pour être un touriste parfait...*, etc.

RÉFLEXION

19 Distinguer plusieurs emplois du conditionnel présent.

20 Déduire la règle de formation du conditionnel à partir d'autres temps connus.

21 Récapituler les différences entre le futur, l'imparfait et le conditionnel.

22 Réfléchir sur les différentes manières d'écrire le son [s].

ATTITUDES

23 Travailler en équipe pour monter et représenter en publique une pièce de théâtre.

24 Entraîner le potentiel de mon cerveau pour mieux apprendre.

25 Être exigeant avec moi-même pour comprendre et corriger mes erreurs.

JE DÉCIDE D'AMÉLIORER...

● N° _____

♥ N° _____

■ N° _____

♥ N° _____

◆ N° _____

◆ N° _____

OPHÉLIE T'ÉCOUTE.

Tu as quelque chose à dire ? Un problème t'obsède ? N'hésite pas ! Cette page est la tienne !

Je suis couvert de boutons...

Chère Ophélie,

Je suis désespéré. J'ai 16 ans et demi et, depuis l'âge de 12 ans, je suis couvert de boutons. Je n'en peux plus, je ne sais pas comment faire disparaître mon acné.

Par exemple, en ce moment, j'ai exactement 14 boutons autour du nez ! J'ai tout essayé. Tous les produits, toutes les crèmes, mais rien ne marche. Même mon dermatologue est découragé. Je ne sais plus quoi faire, pourrais-tu m'aider ? Connais-tu des recettes miraculeuses ? Merci d'avance. Je t'embrasse.

Un jeune désespéré.

P.S. Je suis prêt à tout, même à suivre les conseils les plus fous.

1 Vu qu'il est **PRÊT À TOUT**, que conseillerais-tu à ce jeune homme ?

_____

_____

_____

_____

_____

_____

_____

_____

_____

2 Complète ce **CATALOGUE** d'objets pratiques et originaux.

Nom commercial : CORRECTO-PEN

Particularités : stylo correcteur de fautes d'orthographe à alarme fluorescente et sonore.

Matière : _____

Couleur : _____

Fonctionnement : une alarme lumineuse et sonore se déclenche chaque fois _____

_____

Idéal pour : les nuls en orthographe et les dictées-contrôles _____

_____

Nom commercial : _____
Particularités : _____
_____
Matière : _____
Couleur : _____
Fonctionnement : _____
_____

Idéal pour : _____
_____

Nom commercial : _____
Particularités : _____
_____
Matière : _____
Couleur : _____
Fonctionnement : _____
_____

Idéal pour : _____
_____

3 Relis la **BD** (page 64 du livre). Ensuite, souligne le mot ou l'expression équivalents.

1) ballade   a) <u>chanson</u>   b) cri du mouton   c) danse

2) péniche   a) petit rongeur   b) bateau fluvial   c) oiseau migrateur

3) berges   a) bords de la rivière   b) petites fleurs   c) arbustes

4) taquiner le goujon   a) se fâcher   b) pêcher   c) discuter

5) cultures maraîchères   a) fruits exotiques   b) livres très chers   c) légumes

6) chiper   a) jouer   b) voler   c) nager

7) engrais   a) graisse animale   b) usine   c) fertilisants

8) balade   a) promenade   b) pique-nique   c) concert

4 Le temps passe, tout se transforme ! Raconte l'**ÉVOLUTION** de ce paysage.

_____

_____

_____

_____

_____

_____

_____

_____

_____

5 Retrouve le maximum de **MOTS** qui apparaissent dans la BD, en combinant les lettres suivantes.

A • B • C • D • E • F • G • H • I • L • N • O • P • R • S • T • U

balade, _____

_____

Test : Es-tu un as en grammaire ?

Coche la bonne réponse. Quel est ton score ?

1 Je ne sais pas si elle est...

　a) actrice ou pas. ○
　b) une traductrice. ○
　c) Marine qui arrive. ○

2 Cette super voiture est à Luc et à Marie ?

　a) Oui, elle est à lui. ○
　b) Oui, c'est la sienne. ○
　c) Oui, c'est la leur. ○

3 C'est toujours moi qui...

　a) fait le ménage. ○
　b) a raison. ○
　c) nettoie. ○

4 Je n'aime pas que...

　a) tu as mauvais caractère. ○
　b) tu sois jaloux. ○
　c) vous faites rire. ○

5 Je voudrais que...

　a) tout se passerait vite. ○
　b) tout se passe vite. ○
　c) tout se passera vite. ○

6 Quelles chaussures tu préfères ?

　a) Ceux de droite. ○
　b) Celui qui est sous la fenêtre. ○
　c) Celles qui sont dans la vitrine. ○

7 Il me demande...

　a) qu'est-ce qui se passe. ○
　b) ce qui se passe. ○
　c) ce que se passe. ○

8 Elle a besoin...

　a) d'être un peu tranquille. ○
　b) partir en vacances. ○
　c) te voir tout de suite. ○

9 Peux-tu lui dire...

　a) ne pas sortir ? ○
　b) ne pas venir ? ○
　c) de ne pas partir ? ○

10 Les critiques de ce film ne sont pas bonnes. À ta place...

　a) je n'irai pas le voir. ○
　b) je n'irais pas le voir. ○
　c) je ne vais pas aller le voir. ○

11 Je te téléphonerai quand...

　a) j'arrivais. ○
　b) j'arriverais. ○
　c) j'arriverai. ○

12 Tout le monde a ses problèmes et eux...

　a) ils ont les siens. ○
　b) ils ont les vôtres. ○
　c) ils ont les leurs. ○

13 J'étais tranquillement assise à une terrasse quand...

　a) j'ai vu Gérard qui traversait la rue. ○
　b) je voyais Gérard qui a traversé la rue. ○
　c) je voyais Gérard qui traversait la rue. ○

14 C'est une jolie robe...

　a) à soie. ○
　b) de la laine. ○
　c) en coton. ○

15 Cet appareil sert...

　a) pourquoi ? ○
　b) à quoi ? ○
　c) comment ? ○

SCORE : / 15

L'EUROPE POLITIQUE

Canaries

OCÉAN
ATLANTIQUE

OCÉAN GLACIAL ARCTIQUE

Cercle Polaire Arctique

ISLANDE
Reykjavik

MER DE NORVÈGE

IRLANDE
Dublin

ROYAUME UNI
Londres

MER DU NORD

PAYS-BAS
Amsterdam
Bruxelles
BELGIQUE
ALLEMAGNE
FRANCE
LUXEMBOURG
Luxembourg

PORTUGAL
Lisbonne

ESPAGNE
Madrid

ANDORRE
Andorre La Vieille

FRANCE
Paris

MER

MONACO
Monaco

CITÉ DU VATICAN
Rome

ST. MARIN

ITALIE

SUISSE
Berne

LIECHTENSTEIN
Vaduz

AUTRICHE
Vienne

SLOVÉNIE
Ljubljana
Zagreb
CROATIE

BOSNIE-HERZÉGOVINE
Sarajevo

HONGRIE
Budapest

Bratislava
REP. SLOVAQUE

REP. TCHÈQUE
Prague

ALLEMAGNE
Berlin

POLOGNE
Varsovie

DANEMARK
Copenhague

NORVÈGE
Oslo

SUÈDE
Stockholm

FINLANDE
Helsinki

MER BALTIQUE

ESTONIE
Tallinn

LETTONIE
Riga

LITUANIE
Vilnius

RUSSIE

BIÉLORUSSIE
Minsk

FÉDÉRATION DE RUSSIE

Moscou

MALTE
La Vallette

MER

Tirana
ALBANIE

GRÈCE
Athènes

YOUGOSLAVIE
Belgrade

BULGARIE
Sofia

ROUMANIE
Bucarest

MOLDAVIE
Chisinau

UKRAINE
Kiev

MER NOIRE

TURQUIE
Ankara

GÉORGIE
Tbilissi

ARMÉNIE
Erévan

AZERBAÏDJAN
Bakou

MER CASPIENNE

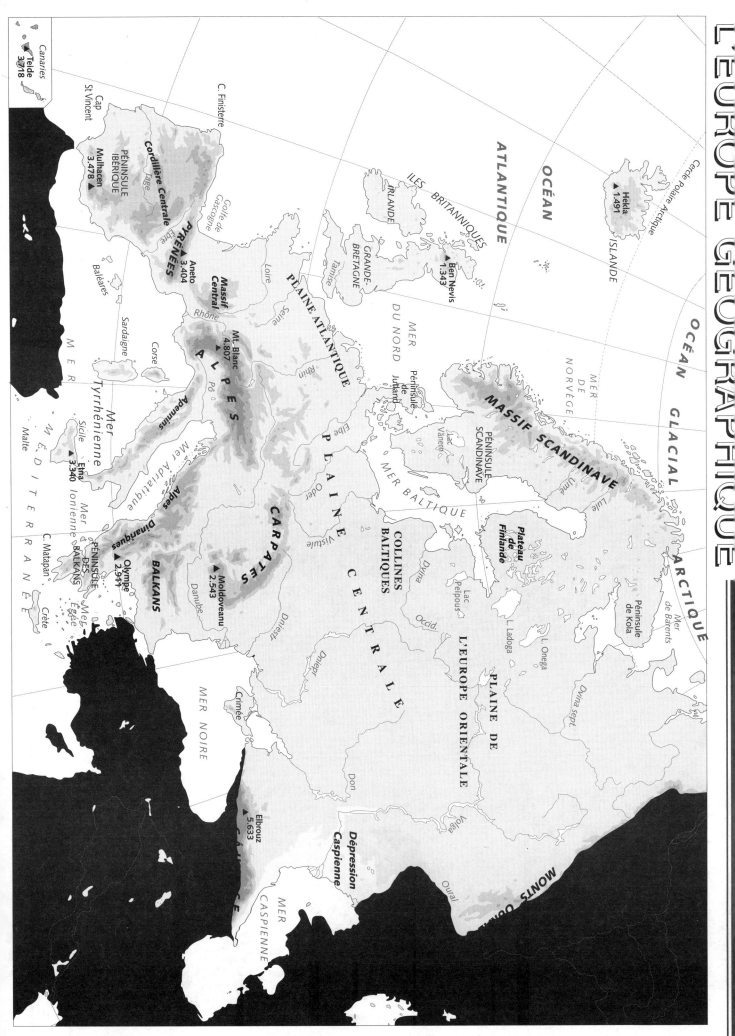

L'EUROPE GÉOGRAPHIQUE

OCÉAN ATLANTIQUE

OCÉAN GLACIAL ARCTIQUE

Cercle Polaire Arctique

Hekla ▲ 1.491

ISLANDE

Mer de Barents

MER DE NORVÈGE

MASSIF SCANDINAVE

PÉNINSULE SCANDINAVE

Péninsule de Kola

ÎLES BRITANNIQUES

IRLANDE

GRANDE-BRETAGNE

Ben Nevis ▲ 1.343

Tamise

MER DU NORD

Péninsule de Jutland

Lac Vänern

Plateau de Finlande

MER BALTIQUE

Ume

Lule

L. Ladoga

L. Onega

Dvina sept.

Lac Peïpous

COLLINES BALTIQUES

Dvina Occid.

PLAINE DE L'EUROPE ORIENTALE

C. Finisterre

Golfe de Gascogne

Loire

Seine

Rhône

Rhin

Elbe

Oder

Vistule

PLAINE ATLANTIQUE

PLAINE CENTRALE

Dniestr

Dnieper

Don

Volga

Oural

MONTS OURAL

PÉNINSULE IBÉRIQUE

Cordillère Centrale

Mulhacen 3.478 ▲

Tage

Èbre

PYRÉNÉES

Aneto ▲ 3.404

Massif Central

ALPES

Mt-Blanc ▲ 4.807

Pô

Apennins

Alpes Dinariques

CARPATES

Moldoveanu ▲ 2.543

Danube

BALKANS

Olympe ▲ 2.911

Cap St Vincent

MER Méditerranée

Baléares

Sardaigne

Corse

Mer Tyrrhénienne

Sicile

Etna ▲ 3.340

Malte

Mer Adriatique

Mer Ionienne

PÉNINSULE DES BALKANS

C. Matapan

Crète

Mer Égée

Crimée

MER NOIRE

CAUCASE

Elbrouz ▲ 5.633

Dépression Caspienne

MER CASPIENNE

Canaries

Teide 3.718

N° d'éditeur : 10168795 - Mars 2010
Imprimé en France par CPI Hérissey à Évreux (Eure) - N° 113687 CPi